edition suhrkamp 2783

Mit dem Angriff Russlands auf die Ukraine ist die alte mitteleuropäische Angst zurück: Opfer der Großmächte zu werden. Anders als in Deutschland, von dessen Boden zwei Weltkriege ausgegangen sind, gab es in Warschau, Tallinn und anderswo kein Zögern. Nur wer selbst angegriffen und, wie Polen, sogar einmal ganz von der Landkarte getilgt wurde, versteht, dass militärische Selbstverteidigung gerechtfertigt ist. In ihrem luziden Essay beschreiben Karolina Wigura und Jarosław Kuisz, wie der heutige Krieg historische Traumata reaktiviert; warum Warschau eine Führungsrolle in der europäischen Verteidigungspolitik übernimmt, obwohl die Regierungspartei PiS die EU als Bedrohung der eigenen Souveränität beschwört.

Karolina Wigura, geboren 1980, Soziologin und Ideenhistorikerin. *Jarosław Kuisz*, geboren 1976, Rechtshistoriker und Politologe. Sie leben in Berlin und Warschau.

Beide sind Assistenzprofessoren an der Universität Warschau und Senior Fellows am Zentrum Liberale Moderne. Sie leiten die polnische Online-Wochenzeitschrift *Kultura Liberalna*.

Jarosław Kuisz
Karolina Wigura

Posttraumatische Souveränität

Ein Essay über Ostmitteleuropa

Aus dem Englischen von Stephan Gebauer

Suhrkamp

Das Buch wurde aus dem Manuskript übersetzt.
Kapitel 1 und 2 wurden von Jarosław Kuisz, Kapitel 3 und 4 von Karolina Wigura verfasst.

Klimaneutral
Druckprodukt
ClimatePartner.com/14438-2110-1001

Erste Auflage 2023
edition suhrkamp 2783
Deutsche Erstausgabe

Umschlag gestaltet nach dem Konzept von Willy Fleckhaus und Rolf Staudt
Satz: Satz-Offizin Hümmer GmbH, Waldbüttelbrunn
Druck: C.H. Beck, Nördlingen
ISBN 978-3-518-12783-4

www.suhrkamp.de

Inhalt

Mag die Geschichte – kurzfristig – von Siegern gemacht werden, die historischen Erkenntnisgewinne stammen – langfristig – von den Besiegten.

Reinhart Koselleck[1]

Einleitung

An einem sonnigen Frühlingstag im Jahr 2022 fand im Zentrum der taiwanesischen Hauptstadt Taipeh eine ungewöhnliche Kundgebung statt. Um gegen den Krieg in der Ukraine zu protestieren, stellten die Demonstranten Opfer der russischen Aggression dar: Sie waren an Armen und Beinen gefesselt, ihre Haut war schmutzig, einige hatten sich Wunden aufgemalt. Die Kundgebungsteilnehmer hielten Schilder mit Parolen wie »Kein Krieg!« und »Stoppt Russland!« in die Höhe und schwenkten Fahnen eines 8000 Kilometer entfernten osteuropäischen Landes. Sie legten sich auf den Boden, um ihrem Protest eine dramatische Note zu verleihen. Aus Lautsprechern schallten Schüsse und Explosionen.[2]

Der Krieg Russlands gegen die Ukraine wirkt sich nicht direkt auf das Schicksal des fernen Taiwan aus. Doch seit Februar 2022 wird immer wieder die Frage gestellt, ob eine neoimperialistische Aggression auch in anderen Weltregionen möglich ist. Auf europäischem Boden wird wieder ein großer Krieg geführt. Wir wissen jetzt: Was als unmöglich galt, ist durchaus möglich. Die Ereignisse in Ostmitteleuropa zwingen uns alle, danach zu fragen, wie die Welt in nicht allzu ferner Zukunft aussehen wird. So betrachtet, erscheint das Interesse der Einwohner Taiwans am Schicksal der Ukraine nicht nur naheliegend, sondern unerlässlich, um die Vorgänge in der heutigen Welt zu verstehen.[3] Si vis pacem para bellum (Wenn du Frieden willst, rüste dich für den Krieg): Dass der Sinnspruch aus dem alten Rom weiterhin Gültigkeit hat, zeigt sich am gewaltigen Anstieg der Rüstungsausgaben in aller Welt.

Infolge des Kriegsausbruchs wurden obendrein die Getreidelieferungen aus der Ukraine unterbrochen, weshalb sich viele Länder in Afrika und dem Nahen Osten unerwartet mit der Gefahr einer Nahrungskrise konfrontiert sahen. Die Erdgas- und Treibstoffpreise stiegen rasant. Der Lebensstandard in den westlichen Ländern und anderen Weltregionen wurde plötzlich fragiler, als die meisten Menschen für möglich gehalten hatten. Und langsam wurde klar, dass der Krieg in Ostmitteleuropa noch weitere Konsequenzen haben würde. Der Weltöffentlichkeit wurde in Erinnerung gerufen, dass die russische Aggression gegen die Ukraine bereits im Jahr 2014 begonnen hatte. Ein Vierteljahrhundert des relativen Friedens in einer Region, die aufgrund ihrer Vergangenheit auch als »Bloodlands« bezeichnet wurde, war endgültig vorüber.[4] Im Frühjahr 2022 wurden die seismischen Wellen dieses Erdbebens sogar in Taiwan registriert.

Licht und Inspiration

Viele hatten geglaubt, das inspirierende Gefühl des Aufbruchs, das von den neuen Gesellschaften in Mittel- und Osteuropa ausgegangen war, gehöre der Vergangenheit an. Manche beklagten sich sogar darüber, das Leben in der Region sei »langweilig« geworden.[5] Im Jahr 1989 war dort die Hoffnung erwacht. Ostmitteleuropa wurde zugetraut, das Konzept des Liberalismus mit neuer Energie zu erfüllen und der Europäischen Union einen Schub zu geben. Die Länder der Region brachten eins nach dem anderen ihre kommunistischen Regimes zu Fall und errichteten Demokratien nach westlichem Vorbild. Ungarn und vor allem Polen galten als Paradebeispiele für einen gelungenen Systemwechsel.

Doch irgendwann Mitte der 2010er Jahre häuften sich die Hinweise auf eine Trendumkehr in Ostmitteleuropa. Die Errichtung westlicher Institutionen, die Stärkung der liberalen Demokratie und der Aufbau der Zivilgesellschaft – all diese Prozesse verloren an Dynamik, und bald tauchten in Ungarn, der Tschechischen Republik und Bulgarien der Reihe nach europaskeptische und populistische Politiker auf. Besonders schmerzhaft war der Rückschlag in Polen, das lange Zeit der Musterschüler Europas und des Westens gewesen war: Nachdem die nationalistische und populistische Partei »Recht und Gerechtigkeit« (PiS) im Jahr

2015 an die Macht gekommen war, schien Mittel- und Osteuropa für den Westen nicht mehr interessant zu sein, sieht man von einigen Populisten wie Marine Le Pen ab, die nach Budapest reiste, um mehr über illiberale Politik zu lernen. Das Licht der Region ist erloschen, und sie hat die Fähigkeit zur liberalen Inspiration eingebüßt, wie die Politikwissenschaftler Ivan Krastev und Stephen Holmes in einem vieldiskutierten Buch schrieben.[6] Dann kam der Februar 2022.

Als die Welt am Morgen des 24. Februar erfuhr, dass Russland eine Invasion der Ukraine begonnen hatte, reagierte sie geschockt. Viele Vorstellungen von der Geopolitik – vom Gleichgewicht der Kräfte, von den wichtigsten Regeln, die nicht gebrochen werden dürfen, von der Friedlichkeit Europas, das seit Jahrzehnten keinen Krieg mehr erlebt hat – wurden erschüttert. Natürlich weckte der Kriegsausbruch auch in Ostmitteleuropa kollektive Furcht, und es war eine besonders tief empfundene Furcht. Doch für die meisten Bürger kamen die Ereignisse im Februar 2022 nicht überraschend. Aufgrund ihrer Erfahrung und ihrer Kenntnis Russlands fühlten sie sich auf sonderbare Weise bestätigt, was es ihnen ihrer Meinung nach erlaubte, richtig einzuschätzen, was dieser Krieg bedeutete und wohin er führen konnte.

Aus Sicht sowohl der westeuropäischen Länder als auch der Vereinigten Staaten war der Großangriff eine Katastrophe für das ukrainische Volk; doch die größte Gefahr sah die westliche Öffentlichkeit darin, dass der Krieg über die Grenzen der Ukraine hinaus ausgeweitet werden könnte, was einen globalen Konflikt auslösen würde. Diese Einschätzung untermauert die Überzeugung, die NATO-Länder müssten eine Eskalation des Kriegs durch einen unbedachten Schritt unbedingt vermeiden.[7]

In den Länder Ostmitteleuropas sah man das ganz anders. Die Nachbarn Russlands betrachteten den Krieg in der Ukraine nicht als isoliertes Ereignis, sondern als Teil eines Prozesses, und sahen nur eine Person, die eine Eskalation vorantrieb, nämlich Wladimir Putin. Für diese postsowjetischen Staaten war die Invasion der Ukraine ein weiterer Schritt in einer Reihe beängstigender russischer Aggressionen, die mit Putins brutalem Vorgehen im zweiten Tschetschenienkrieg begonnen hatte und sich dann in anderen Ländern wie in Georgien (2008) oder Syrien (2015) fortsetzte. In den Augen der Mittel- und Osteuropäer war es töricht anzunehmen, Wladimir Putin werde sich mit der Zerstörung der Ukraine begnügen. Sie waren seit langem überzeugt, dass Russland weiter nach Westen vorrücken und die Länder, die zum sowjetischen Machtbereich gehört hatten – ehemalige Sowjetrepubliken wie die baltischen Staaten oder Satellitenstaaten wie Polen –, eins nach dem anderen attackieren würde. Ihrer Einschätzung nach drohte eine unmittelbare Gefahr. Wie die estnische Ministerpräsidentin Kaja Kallas sagte: »Das heutige Problem unseres Nachbarn wird morgen unser Problem sein.«[8]

Aus der jeweiligen Definition des Kriegs wurden die entsprechenden Prognosen und Erwartungen abgeleitet. Während der Westen die Aufgabe darin sah, einen Dritten Weltkrieg zu vermeiden, glaubte der Osten, dass der Krieg gegen den Westen mit seinen internationalen Bündnissen und vertraglich garantierten Grenzen bereits begonnen hatte, ganz gleich welchen Namen man der Aggression gab. Während der Westen beobachtete, dass ein Krieg stattfand, war der Osten überzeugt, sich bereits im Krieg zu befinden, auch wenn die Bombenangriffe auf die Städte der Region noch nicht über die Grenzen der Ukraine hinausgingen.

In dieser angespannten Atmosphäre wirkte das vorsichtige Agieren des Westens auf viele Menschen in Ostmitteleuropa wie eine Wiederholung des Scheinkriegs von 1939, als Frankreich und Großbritannien nur begrenzte militärische Schritte unternahmen und ihrem Verbündeten, Polen, nicht zu Hilfe eilten. Auch zu jener Zeit wurde die Öffentlichkeit von furchtbaren Nachrichten über die Bombenangriffe auf Warschau und andere Städte in Atem gehalten. Doch die Alliierten wollten unbedingt vermeiden, zu tief in den Konflikt hineingezogen zu werden. Ihre militärische Zurückhaltung zögerte die Ausweitung des Krieges hinaus, konnte einen Weltkrieg jedoch nicht verhindern.

Ob die Analogie angebracht ist oder nicht – wichtiger ist die Tatsache, dass sie einer tiefsitzenden, intuitiven Vorstellung davon entspricht, was als Nächstes kommen könnte. Im gesamten Jahr 2022 drängten die Länder, die Russland geographisch näher sind, auf eine harte Antwort: mehr Sanktionen gegen Russland, mehr Waffen für die Ukraine, erhöhte diplomatische

Bemühungen um eine Beendigung des Krieges. Viele dieser Initiativen sind seither in einen umfassenderen internationalen Konsens eingeflossen. Aber die mittel- und osteuropäischen Länder würden gerne noch weiter gehen: In den vergangenen Monaten haben sich einige von ihnen für die Einrichtung einer Flugverbotszone eingesetzt[9] oder, wie die polnische Regierung, sogar die Entsendung von NATO-Truppen in die Ukraine gefordert, und sei es auch nur im Rahmen einer Friedensmission.

Schon im März 2022 erklärte die litauische Ministerpräsidentin Ingrida Šimonytė, die russische Invasion sei vorhersehbar gewesen.[10] Sie war nicht allein mit dieser Einschätzung. Seit Kriegsausbruch rufen die Länder Ostmitteleuropas dem Westen ihre früheren Warnungen vor der aggressiven Politik Russlands in Erinnerung. Einlassungen zu diesem Thema seitens russischer und belarussischer Dissidenten, der Ukraine, der baltischen Länder, Georgiens und vieler anderer politischer Akteure wurden von der westlichen Politik im Grunde ignoriert. Die Mittel- und Osteuropäer hatten vor den negativen Auswirkungen der Nord-Stream-Pipelines und weiterer geostrategischer Vorhaben Russlands auf die Ukraine und andere ehemalige Staaten des Sowjetimperiums gewarnt. Doch besonders die Ukraine und Polen wurden mehr oder weniger offen bezichtigt, eine »Russlandphobie« zu schüren. Es überrascht nicht, dass viele angesehene westliche Russlandexperten bis zum letzten Augenblick bestritten, Präsident Putin könne einen offenen Krieg vom Zaun brechen.

Insofern führte der 24. Februar 2022 zweifellos zu einem politischen Durchbruch. Im Lauf der Zeit entschuldigten sich viele Politiker und Intellektuelle sogar dafür, die Warnungen nicht ernst genommen zu haben. Ursula von der Leyen, die Präsidentin der EU-Kommission, äußerte besonders deutliche Selbstkritik. In ihrer Rede zur Lage der Union im Jahr 2022 sagte sie: »[E]ine Lehre aus diesem Krieg ist, *dass wir auf diejenigen hätten hören sollen, die Putin besser kennen.* Auf Anna Politkowskaja und all die anderen russischen Journalisten, die die Verbrechen angeprangert und dies mit dem Leben bezahlt haben. Auf unsere Freunde in der Ukraine, in Moldau, in Georgien und auf die Opposition in Belarus. Wir hätten auf die Warnrufe innerhalb der Union hören sollen – in Polen, in den baltischen Staaten und in ganz Mittel- und Osteuropa. *Sie warnen uns seit Jahren, dass Putin nicht aufhören wird.*«[11] Was dieses *Mea culpa* in der Praxis bedeutete, blieb eine offene Frage.

Die direkten Nachbarn Russlands empfanden eine bittere Genugtuung, weil sie sich von den Ereignissen bestätigt sahen. Aus den Aussagen zahlreicher mittel- und osteuropäischer Politiker war das Gefühl der moralischen Überlegenheit herauszuhören. Die Einwohner dieser Region sind überzeugt, dass sie recht haben, dass sie die ganze Zeit über recht hatten. Wenn der Westen auf die Stimmen aus Tallinn, Riga, Vilnius, Warschau oder Kiew gehört hätte, so hätte man den Krieg in der Ukraine möglicherweise verhindern können. Obwohl dies angesichts der jüngeren Geschichte nicht offenkundig ist – schließlich beteiligten sich die Länder Ostmitteleuropas an Barack Obamas Versuch, die Beziehungen zu Russland in seiner ersten Amtszeit »auf eine neue Basis zu stellen«. Doch nie zuvor hatten ihre Warnungen eine so bedrückende Brisanz gehabt.

300 Jahre Trauma

Woher kommt diese Einstellung? Offensichtlich ist es nicht so, dass die Vertreter eines Teils von Europa in Bezug auf Russland plötzlich in allen Fragen recht haben. Dennoch möchte man wissen, warum die Mittel- und Osteuropäer die Richtung, in der sich die russische Politik im 21. Jahrhundert entwickeln würde, so zutreffend vorhergesagt haben. Die Wurzeln der gemeinsamen Erfahrung Ostmitteleuropas werden oft in der Hinterlassenschaft des Kommunismus oder im spezifischen Verlauf seiner politischen und wirtschaftlichen Transformation seit 1989 gesucht. Doch diese Erklärungen greifen zu kurz. Die Haltung Ostmitteleuropas gegenüber Russland ist ein ausgezeichnetes Beispiel dafür, wie stark das historische und geographische Erbe die politischen und kulturellen Lebensgewohnheiten prägt. In einigen Fällen reichen die maßgeblichen Entwicklungen weit zurück: Ostmitteleuropa leidet seit Jahrhunderten unter den Auswirkungen des russischen Imperialismus. Viele Länder mussten vom Zarenreich bis zur Sowjetunion erleben, dass ihre Unabhängigkeit ausgelöscht, ihre Bevölkerung dezimiert, ihre Gesellschaft unterdrückt und ihre Kultur marginalisiert wurde.

Die Region wird seit Jahren mit Blick auf ihre Anpassung an westliche demokratische Standards oder ihre wirtschaftlichen Erfolge und Rückschritte erforscht. Statistiken und politische Analysen geben aber wenig Aufschluss darüber, wie stark die Mittel- und Osteuropäer von einer kollektiven Prägung ausgehen, einem gemeinsamen Gefühl, das in ihrer historischen Erfahrung wurzelt: Es ist das Gefühl einer eigentümlichen Furcht.

Selten wird erwähnt, dass die Gesellschaften der Region aus diesem Grund das Konzept der »Souveränität« anders verstehen als die Westeuropäer. Für die Nationen Ostmitteleuropas ist Souveränität keine Quelle der Stabilität. Vielmehr reagieren diese Gesellschaften sehr empfindlich auf die Möglichkeit, ihre Unabhängigkeit wieder zu verlieren. Es genügt darauf hinzuweisen, dass die Nord-Stream-Pipelines von Russland nach Deutschland in erster Linie mit Blick auf mögliche Bedrohungen der Souveränität beurteilt wurden. Andere Fragen (wie der wirtschaftliche Nutzen der Investitionen in die Gaspipelines) rückten, sofern sie überhaupt eine Rolle spielten, in den Hintergrund, und die diesbezüglichen westlichen Argumente wurden entweder als naiv oder als zynisch betrachtet. Der Krieg in der Ukraine fügt diesem Komplex eine wichtige Dimension hinzu. Mit dieser Frage werden wir uns eingehend befassen.

Die Souveränität wird normalerweise rechts- und

politikwissenschaftlich definiert: »Eine Regierung, die de facto die administrative Kontrolle über ein Land ausübt und keiner anderen Regierung in diesem Land oder in einem ausländischen souveränen Staat untergeordnet ist.«[12] Unser Argument lautet, dass für eine vollständige Definition der Souveränität neben den rechtlichen und politischen Faktoren auch gesellschaftliche Aspekte berücksichtigt werden müssen. Den Imaginationen von der Souveränität und den damit verbundenen kollektiven Emotionen in einer Gesellschaft sollte besondere Aufmerksamkeit gelten. Im Fall von Ostmitteleuropa ist insbesondere das durch den zyklisch wiederkehrenden Verlust von Territorium und Staatlichkeit verursachte Trauma relevant. Es steht in der gesamten Region im Mittelpunkt einer kollektiven Identität. Die Gesellschaften Ostmitteleuropas haben ein fragiles Selbstverständnis, das ein ums andere Mal von der politischen und geopolitischen Machtmaschinerie instrumentalisiert wird. In ihren Augen kann sich das für den Westen charakteristische Gefühl der Stabilität insbesondere mit Blick auf Kriege wie den, der gegenwärtig in der Ukraine tobt, als trügerisch erweisen.

»Wir haben einen unabhängigen Staat und das Trauma, ihn nicht zu haben.« Dies wäre die vielleicht knappste, auf Twitter-Format zu bringende Beschreibung des Problems. Viele Mittel- und Osteuropäer leben mit einem angsterfüllten Selbstbild und sind sich der Verletzlichkeit ihrer Länder bewusst. Es ist eine existentielle Angst. In den achtziger Jahren schrieb der tschechisch-französische Autor Milan Kundera, diese kleinen Nationen fürchteten unentwegt um ihre Existenz, da ihre Unabhängigkeit wiederholt in Frage gestellt werde. Da sogar Zweifel an ihrem Platz auf der Landkarte geäußert werden, betrachten diese Gesellschaften ihre Unabhängigkeit und die territoriale Integrität ihrer Länder ängstlich und blicken nervös auf ihre zerbrechliche staatliche Souveränität. Dies ist ein zentrales Moment eines bisher nicht beschriebenen Phänomens: der posttraumatischen Souveränität. Diese Gesellschaften glauben, dass sie ihre Unabhängigkeit, die sie nach 1989 unter so großen Mühen wiederhergestellt haben, sehr leicht wieder verlieren könnten, und ihre leidvollen Erfahrungen im 20. Jahrhundert sind ihnen dafür Beweis genug. Die militärische Bedrohung der Ukraine durch Russland lässt alte Traumata aufbrechen – und paradoxerweise nicht nur jene, deren Ursache im Osten liegt: Eine weitere Angst ist, dass der Westen die Region einmal mehr im Stich lassen wird. Dies sind zwei Seiten derselben Medaille. Im tragischen Schicksal der Ukraine erkennen die Mittel- und Osteuropäer nicht nur ihre eigene traumatische Vergangenheit wieder, sondern sie sehen auch eine mögliche Zukunft. »Wir sind als Nächste an der Reihe«, glauben viele.

Im Westen wird die Geschichte Ostmitteleuropas vornehmlich mit dem Grauen des Holocaust verbunden, der sich auf diesem Territorium abspielte. In der Perspektive der posttraumatischen Souveränität wird das nicht in Frage gestellt, sondern erweitert – neben dem Völkermord an den Juden wurden in Ostmitteleuropa viele weitere furchtbare Verbrechen begangen und existierende Staatlichkeit zyklisch aufgehoben. Im Zentrum der posttraumatischen Souveränität steht die Befürchtung, dass sich die Geschichte einmal mehr wiederholen wird. Wer diesen Standpunkt als übermäßig deterministisch betrachtet, hat sicherlich recht. Doch die Tatsache, dass Russland im Jahr 2022 ein Nachbarland überfallen und in der Vergangenheit dasselbe Verhalten an den Tag gelegt hat, bestätigt die Mittel- und Osteuropäer in ihrer Einschätzung.

Ist Trauma nicht ein Modebegriff? Gewiss. Doch angesichts der Erkenntnisse der medizinischen, juristischen und sozialwissenschaftlichen Forschung sollten wir dieses Konzept ernst nehmen. Ein Trauma ist »nicht nur die Geschichte von etwas, das damals geschah, sondern der vorhandene Eindruck des Schmerzes, des Schreckens und der Furcht, die auf Geist, Gehirn und Körper wirkt und bleibende Folgen für die gegenwärtige Sicherung des Überlebens des menschlichen Organismus hat«, schreibt der Psychiater Bessel van der Kolk in seinem vielbeachteten Buch *Verkörperter Schrecken*.[13]

Heute ist es üblich, dass nicht nur Mediziner psychische Traumata diagnostizieren und dass nicht nur einzelnen Menschen zugestanden wird, unter den Konsequenzen traumatischer Ereignisse zu leiden. Derselbe Deutungsrahmen wird auf Opfer von so unterschiedlichen Katastrophen wie Genozid, Krieg, Erdbeben und Arbeitsunfällen angewandt. Das Konzept des Traumas wird zu einer soziologischen und moralischen Kategorie. Ein so verstandenes Trauma wandert von der individuellen auf die politische und kollektive Ebene – und wieder zurück.[14]

In diesem Buch gehen wir von der Hypothese aus, dass ein wiederholter Verlust von Staatlichkeit und Souveränität, der in vielen Fällen mit Gewalt einhergeht, als Quelle eines kollektiven Traumas betrachtet werden kann. »Posttraumatische Souveränität« bedeutet, dass das Verhältnis zur Souveränität in einer Gesellschaft von starken kollektiven Ängsten geprägt, in gewisser Weise sogar neurotisch ist. Die Politiker gehen unterschiedlich mit der traumatischen Vergangenheit ihrer Länder um. Aber sie können sie unmöglich ignorieren.

Doch warum müssen wir über die Vergangenheit sprechen, wenn uns der Krieg in der Ukraine offenkundig zwingt, über die Zukunft nachzudenken? Entgegen der Auffassung, für das Verständnis der gefährlichen gegenwärtigen Situation sei es nicht erforderlich, sich mit der Geschichte einer Gesellschaft oder Region zu beschäftigen, sind wir überzeugt, dass das Konzept des historischen Traumas dazu dienen kann, die Narrative einer gesellschaftlichen Gruppe zu beschreiben und ihre fest verwurzelten kollektiven Prägungen und Emotionen zu begreifen. Der Westen hat sich in den vergangenen Jahrzehnten kein tieferes Verständnis Ostmitteleuropas angeeignet. Unter Missachtung ihrer Heterogenität wurde die Region im Wesentlichen als Monolith betrachtet. Die höchst beachtlichen Entwicklungen seit dem Ende des Kalten Krieges wurden kaum rezipiert. Die vorherrschende Einschätzung lautet, die

Region müsse unentwegt gegenüber dem Westen »aufholen« und habe wenig Eigenständiges anzubieten. Ein gutes Beispiel dafür sind die häufigsten Reaktionen auf die populistische Wende in einigen Ländern der Region. Die Diskussion darüber ist von Klischees und Stereotypen geprägt.[15] Eine dieser stereotypischen Vorstellungen besagt, dass der illiberale Populismus einfach »vom Himmel fiel« wie ein schwarzer Schwan, der unerwartet in den Gewässern der Weltpolitik auftaucht und alles zu zerstören beginnt, was seit 1989 aufgebaut wurde, darunter ein demokratisch und rechtsstaatlich verfasstes Ostmitteleuropa. Ein weiteres Klischee besagt, dass die Gesellschaften der mittel- und osteuropäischen Länder ein für alle Mal von der kommunistischen Herrschaft geprägt sind: Diese Gesellschaften, deren Mitglieder Vertreter der Spezies *Homo sovieticus* sind, sind unfähig, die Errungenschaften der westlichen Demokratie und des Rechtsstaats anzuerkennen und hochzuhalten. Es ist erwähnenswert, dass in derlei Diskussionen über die Region der Gegensatz zwischen jenen mittel- und osteuropäischen Gesellschaften, die eine politische Entwicklung nach westlichem Vorbild befürworten, und jenen, die eine isolationistische und populistische Wende vollziehen, nicht erkennbar ist. Obendrein überschatten in dieser Perspektive die beiden wichtigsten Beispiele für den nationalpopulistischen Trend – Polen und Ungarn – die übrigen Länder der Region, die, so wie Estland oder die Tschechische Republik, nicht zwangsläufig den illiberalen Weg beschreiten. Schließlich kann diese Betrachtungsweise nicht erklären, warum Polen und Ungarn angesichts des Kriegs in der Ukraine getrennte Wege gehen.

Es bedarf einer differenzierteren, verständnisvolleren und empathischeren Interpretation Ostmitteleuropas. Es ist an der Zeit, dass der Westen sich Kenntnisse erarbeitet – und sei es nur aus einem einzigen Grund: weil Russland einen Vernichtungskrieg gegen die Ukraine führt. Das Muster wiederkehrender Überraschungen, unbegründeter Hoffnungen und Erwartungen sowie gleichermaßen unbegründeter Enttäuschung über die Region darf sich nicht fortsetzen. Die Entscheidungen, die die Länder Ostmitteleuropas gemeinsam mit den Vereinigten Staaten fällen, werden sich erheblich darauf auswirken, welche Gestalt unser Kontinent in den kommenden Jahrzehnten annehmen wird.

Definitionsfragen

Ein paar Hinweise zu den Begriffen »Westen« und »Ostmitteleuropa« sind angebracht. Erstens ist der Westen nicht so einheitlich, wie er im Kalten Krieg wirkte, und es gibt wichtige Unterschiede zwischen den Ländern, die der westlichen Welt angehören. Es genügt, auf die Divergenzen zwischen den USA und der EU hinzuweisen. Zweitens gehört Ostmitteleuropa in mancher Hinsicht ebenfalls dem Westen an, denn die Länder der Region sind Mitglieder von supranationalen Strukturen wie der NATO oder der EU oder bemühen sich zumindest um die Aufnahme in diese Strukturen, und sie unterscheiden sich von den weiter östlich gelegenen Ländern, insbesondere von Russland. Trotz Streitigkeiten untereinander betreiben die Länder Ostmitteleuropas angesichts einer existentiellen Bedrohung eine ähnliche Politik. Das hat sich etwa in ihrer gemeinsamen Forderung nach einem Einreisestopp für russische Touristen gezeigt. Wir sehen hier eine überraschende Uneinigkeit zwischen den westlichen und den östlichen Staaten der EU.[16] Die finnische Ministerpräsidentin Sanna Marin, ihre estnische Amtskollegin Kaja Kallas und der rumänische Außenminister Bogdan Aurescu äußerten sich in dieser Frage praktisch einhellig.[17] Die unmittelbare Bedrohung hat diese Regierungen dazu bewogen, ähnliche innen- und außenpolitische Maßnahmen zu ergreifen, so als wäre plötzlich ein Bündnis zwischen Staaten wiederhergestellt worden, die allesamt eine gewaltsame Aggression erlebt haben.[18] Ein Blick auf die Landkarte genügt, um zu sehen, dass jene EU-Mitglieder, die infolge des Hitler-Stalin-Pakts von 1939 aufgeteilt und/oder unterworfen wurden, mit einer Stimme sprechen. Sie sind offenkundig nicht allein – das »exotische« spontane Bündnis, das von Skandinavien bis nach Rumänien und Moldau reicht, ist bemerkenswert. Eine andere Dissonanz zeigt sich in dem plötzlichen Ausscheren Ungarns aus der gemeinsamen Front der mittel- und osteuropäischen Länder angesichts der russischen Großinvasion. Hier sei erwähnt, dass Ungarn vom deutsch-sowjetischen Nichtangriffspakt nicht betroffen war. Wir müssten also strenggenommen nicht über ein Ostmitteleuropa sprechen, sondern über verschiedene mittel- und osteuropäische Regionen.[19]

Wie ist es möglich, dass Tallinn, Riga oder Kiew die russischen Pläne richtig einschätzten? Welche politischen Annahmen wurden in diesen Hauptstädten gemacht, die im Gegensatz zu denen ihrer westlichen Verbündeten nicht »falsch« waren? Und wo sind die Grenzen ihres Wissens? Antworten auf diese Frage zu suchen, wird mit jedem Monat, der vergeht, wichtiger. Der Krieg Russlands gegen die Ukraine dauert an. Alles, was uns hilft, Moskau zu verstehen, könnte uns einer Friedenslösung näherbringen. Aber das ist noch nicht alles.

Wir können uns nicht auf eine Diskussion darüber beschränken, wer in der Vergangenheit recht gehabt hat. Es stellen sich wichtige neue Fragen – etwa ob sich das Zentrum Europas unter dem Einfluss des Kriegs nach Osten verschoben hat, und wenn ja, was die Konsequenzen dieser Verschiebung sein werden.[20] Es wird eine weitere Diskussion über die Frage folgen, was das Versprechen einer Aufnahme der Ukraine in die EU in der Praxis bedeutet. Ein europaweiter Streit über die Gestalt der Union steht unmittelbar bevor,[21] und um uns in der neuen Epoche zurechtzufinden, müssen wir das Phänomen der posttraumatischen Souveränität verstehen. Vor unseren Augen entsteht ein anderes Europa, eine komplexere Herausforderung als je zuvor.

Kapitel 1
Im Tiefkühlfach der Geschichte

Am Nachmittag des 15. November 2022, es war ein Donnerstag, schlug in Przewodów, einem ostpolnischen Dorf an der Grenze zur Ukraine, eine Rakete ein. Zwei Menschen kamen ums Leben. Anfangs herrschte Verwirrung über die Herkunft der Rakete. »Ein hochrangiger amerikanischer Nachrichtendienstmitarbeiter erklärt, russische Raketen seien auf dem Gebiet des NATO-Mitglieds Polen eingeschlagen und hätten zwei Menschen getötet«, meldete die Nachrichtenagentur Associated Press kurz vor zwei Uhr nachmittags.[22] Weitere renommierte Agenturen, darunter Reuters, wiederholten die schockierende Nachricht. Die Welt hielt den Atem an. In den sozialen Medien machten ängstliche Fragen die Runde: Stehen wir kurz vor dem Atomkrieg, vor dem viele Politiker, darunter Präsident Biden, seit Februar 2022 warnen?[23] War dies eine russische Provokation oder ein Unfall? Beginnt jetzt der Dritte Weltkrieg?

Schließlich stellte sich heraus, dass der Flugkörper, der in dem polnischen Weiler explodiert war, eine verirrte Flugabwehrrakete aus der Ukraine war.[24] NATO-Generalsekretär Jens Stoltenberg beruhigte die Gemüter und erklärte, es gebe »keinen Hinweis auf einen absichtlichen Angriff«.[25] Westliche Politiker und Diplomaten aus allen politischen Lagern gaben sich große

Mühe, die Öffentlichkeit zu beschwichtigen und die Solidarität zwischen den verbündeten Nachbarstaaten zu bekräftigen. Das änderte jedoch nichts daran, dass sich die Mitgliedstaaten der NATO die schwierige Frage stellen mussten, wie sie hätten reagieren sollen, wenn es sich tatsächlich um eine russische Rakete gehandelt hätte.[26] Dahinter verbirgt sich die Frage, wie stark die Solidarität zwischen den NATO-Staaten heute tatsächlich ist. Nicht in der Theorie, sondern in der Praxis.

Es überrascht nicht, dass sich diese Fragen kurze Zeit später erneut stellten. Im Mai 2023 lösten Berichte über die Entdeckung einer »geheimnisvollen Rakete« auf polnischem Territorium einen Skandal aus. Vermutlich war die Rakete schon vor Monaten dort niedergegangen. Die Ermittler, die den Vorfall untersuchten, stellten die verblüffende Hypothese auf, dass die Rakete, eine russische Ch-55, am 16. Dezember 2022 von einem russischen Flugzeug im belarussischen Luftraum abgefeuert worden war.[27] Im Juni 2023 löste eine Explosion unweit von Radom, einer Ortschaft in der südöstlichen Grenzregion Polens, weitere Spekulationen aus.[28]

Fest steht, dass die Möglichkeit, eine russische Rakete könnte auf dem Gebiet eines NATO-Landes einschlagen, nicht länger eine abstrakte Gefahr ist. Fest steht aber auch, dass weder eine ukrainische noch eine russische Rakete Polen getroffen hätte, wenn Russland keinen Angriffskrieg gegen die Ukraine vom Zaun gebrochen hätte. Der niederländische Ministerpräsident Mark Rutte machte es deutlich: Zu dem Raketeneinschlag auf polnischem Gebiet »wäre es ohne die furchtbaren russischen Raketenangriffe auf die Ukraine nicht gekommen«.[29]

Aber die Furcht der Menschen in Ostmitteleuropa wird nicht nur von konkreten Vorfällen wie dem Absturz ausländischer Raketen auf dem Gebiet anderer Staaten geweckt. Ihr Gefühl der Bedrohung hat tiefe historische Wurzeln. Dieses Gefühl liegt nicht nur den kollektiven Emotionen und dem politischen Verhalten in Polen, Estland, Rumänien und anderen Ländern im Osten des Kontinents zugrunde. Es wird auch von Wladimir Putin neu interpretiert und ausgenutzt.

Putin ernst nehmen

Dem russischen Überfall auf die Ukraine im Februar 2022 ging eine eigentümliche Geschichtsstunde voraus. Am 12. Juli 2021 veröffentlichte der Kreml auf seiner Website einen Aufsatz von Präsident Putin mit dem Titel »Über die historische Einheit der Russen und der Ukrainer«. Der Verfasser legte ausführlich dar, wie er die Vergangenheit Russlands und die Rolle seines Landes in der Welt verstand. Ein Argument stach heraus: Die Ukraine, erklärte Putin, sei ein künstlicher Staat, genauer gesagt, die moderne Ukraine sei »ganz und gar und durch und durch ein Geschöpf der Sowjetära«.[30] Der russische Präsident stellte das Existenzrecht eines unabhängigen Nachbarstaates mit der Begründung in Frage, das Land sei »zu einem großen Teil auf Kosten des historischen Russland geschaffen« worden.

Im Dezember 2021 legte Moskau einen höchst umstrittenen Forderungskatalog für Sicherheitsgarantien vor. Unter anderem verlangte die russische Führung, die NATO müsse alle militärischen Infrastrukturen in Ländern beseitigen, die dem Bündnis nach 1997 beigetreten seien. Dies wäre gleichbedeutend mit der Wiederherstellung einer russischen Einflusssphäre gewesen, die sich auf Polen, Estland, Litauen, Lettland und die Balkanstaaten erstrecken würde.[31] Der Forderungskatalog, dessen Ziel es war, die NATO zum Rückzug nicht nur aus den genannten Ländern, sondern auch aus Zentralasien, Georgien, Armenien und Aserbaidschan zu zwingen, wurde von den Vereinigten Staaten als »inakzeptabel« zurückgewiesen.[32]

Doch diese intellektuellen Aggressionen bereiteten den militärischen Überfall vor.[33] Das nationale Selbstbestimmungsrecht und die grundlegenden Menschenrechte haben in der russischen Vision von »traditionellen« Einflusssphären keinen Platz. Offenbar haben wir nicht richtig verstanden, was Präsident Putins allgemein bekanntes Bedauern über die Auflösung der Sowjetunion tatsächlich bedeutete. Fast zwei Jahrzehnte früher hatte er den Zerfall des Sowjetimperiums in einer Rede zur Lage der Nation als »größte geopolitische Katastrophe des Jahrhunderts« bezeichnet. Schon im Jahr 2005 zeigte Putins unverhohlener Groll über den Zusammenbruch des Sowjetreichs trotz aller Lippenbekenntnisse zu Freiheit und europäischen Werten, welche politischen Ziele er tatsächlich verfolgte. »Für das russische Volk war es wirklich eine Tragödie. Dutzende Millionen Mitbürger und Landsleute fanden sich außerhalb des russischen Staatsgebiets wieder.«[34] Putins Rede konnte als Absichtserklärung zur Wiederherstellung des Imperiums verstanden werden. Wenn wir ihn nur ernst genommen hätten …

Putins Worte über den »künstlichen« Charakter eines unabhängigen ukrainischen Staates haben historische Vorläufer. Solche Äußerungen waren in Ostmitteleuropa schon früher zu hören gewesen – und verblüffenderweise nicht nur aus dem Mund von Russen. Das ist der Grund dafür, dass die Länder in dieser Region besonders sensibel auf eine bestimmte Rhetorik reagieren. Nach dem Ersten Weltkrieg besiegelte der Versailler Vertrag im Jahr 1919 die Auflösung der Großreiche in Ostmitteleuropa – des Zarenreichs, der Habsburgermonarchie und des Osmanischen Reichs. Zahlreiche neue Staaten tauchten auf der Landkarte auf. An die Stelle der alten Ordnung war ungewolltes Chaos getreten. In der Zwischenkriegszeit (1918-1939) schrieben zahlreiche Politiker und Kommentatoren auf der deutschen und der sowjetischen Seite über »Saisonstaaten« wie Polen, die bald wieder verschwinden würden, und vielen Bürgern der Länder, die im Ersten Weltkrieg auf der Seite der Verlierer gestanden hatten, fiel es schwer, sich mit den geopolitischen Veränderungen abzufinden.[35] Viele der kleinen und mittelgroßen Staaten, die nach 1918 in Europa entstanden, wurden von denen, die die Großreiche wieder aufbauen wollten, als »Unstaaten« bezeichnet.[36] Die Friedensregelungen für die im Wesentlichen zwischen 1919 und 1921 neu geordnete Region wurden in vielen Ländern einschließlich des bolschewistischen Russland fast augenblicklich in Frage gestellt. Der sowjetische Außenminister Wjatscheslaw Molotow ging so weit, Polen in den seinerzeitigen Grenzen als »monströsen Bastard von Versailles« zu bezeichnen.[37]

Heute haben wir es mit einer anderen geopolitischen Konstellation zu tun, und doch haben ähnliche Vorstellungen überdauert, wie sich an Moskaus Haltung Kiew gegenüber deutlich zeigt. In Wladimir Putins Interpretation hat ein unabhängiger ukrainischer Staat kein Existenzrecht, so als wäre er ein »monströser Bastard« der Neuordnung nach dem Kalten Krieg. Und Putin steht mit dieser Auffassung nicht allein. Es gibt zahlreiche Beispiele für Politiker, die glauben, manche Staaten hätten nur eine »saisonale« Daseinsberechtigung. Beispielsweise fordert Dmitri Medwedew, der ehemalige russische Präsident und heutige stellvertretende Vorsitzende des russischen Sicherheitsrats, in den sozialen Medien regelmäßig, die Grenzen der Staaten in der Region neu zu ziehen.[38] Im April 2023 zweifelte der chinesische Botschafter in Paris öffentlich die Souveränität der ehemaligen Sowjetrepubliken an: »Selbst diese Länder, die ehemals der Sowjetunion angehörten, haben keinen effektiven Status, wie wir sagen, denn es gibt keine internationale Vereinbarung zur Konkretisierung ihres Status als souveräne Länder.«[39] In Ostmitteleuropa löste sein Kommentar heftige Proteste aus. Der lettische Außenminister Edgars Rinkēvičs zeigte sich besorgt über die »vollkommen inakzeptablen« Äußerungen des chinesischen Botschafters.[40] Rinkēvičs' litauischer Amtskollege Gabrielius Landsbergis stellte klar, Lettland, Estland und Litauen seien »keine postsowjetischen Staaten, sondern Staaten, die von der Sowjetunion illegal besetzt wurden«.[41] Das moldauische Außenministerium erklärte in seinem amtlichen Twitter-Account: »Wir sind überrascht über die Aussagen [des chinesischen Botschafters], in denen die Souveränität von Ländern angezweifelt wird, die im Jahr 1991 ihre Unabhängigkeit erklärt haben. Gegenseitiger Respekt und [territoriale] Integrität sind grundlegend für die Beziehungen zwischen Moldau und China.«[42]

Aber dies sind nicht einfach empörende Aussagen. Um besser verstehen zu können, weshalb sie den Ostmitteleuropäern einen kalten Schauer über den Rücken jagen, müssen wir uns der traumatischen Vergangenheit zuwenden, die mit solchen Behauptungen beschworen wird.

Die kürzeste Geschichte des Verlusts (und erneuten Verlusts) der Souveränität

»Wir sind noch nicht verloren«: Der Fall Polens und Litauens

Es gibt historische Daten, Wendepunkte, die gewissermaßen die Geschichte eines Landes durchtrennen und die Vergangenheit in ein Davor und ein Danach teilen. Im Fall Großbritanniens ist das Jahr 1688, das

Jahr der »Glorreichen Revolution«, ein solcher Wendepunkt. Im Fall Frankreichs ist es das Revolutionsjahr 1789. Im Fall von Polen-Litauen, einem Vielvölkerreich, das seit dem 14. Jahrhundert von einem gemeinsamen Monarchen regiert wurde, ist es das Jahr 1795, das Jahr, in dem dieser Staat, der fast ohne Unterbrechung 800 Jahre lang existiert hatte, von der Landkarte verschwand.

Das Trauma des Staatsversagens, das in Polen in der Schule und zu Hause von Generation zu Generation weitergegeben wird, schwebt über den Köpfen der polnischen Bürger wie ein Damoklesschwert. Es trübt die Freude über die Wiedererlangung der Souveränität. Der Grund dafür ist, dass das Verschwinden des polnischen Staats im Jahr 1795 weder in der Geschichte des Landes noch in der Entwicklung der Region seit dem 18. Jahrhundert ein einmaliges Ereignis war.

Wie nachhaltig dieser Zusammenbruch das kollektive Bewusstsein der Polen geprägt hat, sieht man daran, dass der wichtigste kanonische polnische Text, der Ende des 18. Jahrhunderts entstand – jener der Nationalhymne –, den traumatischen Verlust der Souveränität in den ersten Zeilen beschwört: »Noch ist Polen nicht verloren, sind doch wir am Leben« (Jeszcze Polska nie zginęła, póki my żyjemy). Das Verschwinden eines multikulturellen Staates, der acht Jahrhunderte lang Bestand gehabt hatte, wirkte sich auf die gesamte Region aus. Etwa zur selben Zeit wurde die ukrainische Nationalhymne geschrieben, die mit verblüffend ähnlichen Worten beginnt: »Noch ist die Ukraine nicht tot, und auch nicht ihr Ruhm und ihre Freiheit« (Shche ne vmerla Ukrainy i slava, i volia).

An diesem Punkt lohnt es sich, an die Ereignisse zu erinnern, auf die sich die polnische Hymne von 1797 bezieht. Der Ursprung des polnischen Staats ist im 10. Jahrhundert zu finden. Im 14. Jahrhundert bildete das Königreich Polen mit dem Großfürstentum Litauen einen losen Zusammenschluss, ihr Territorium erstreckte sich über ein weitläufiges Gebiet. Ein riesiger Vielvölkerstaat entstand, der nicht nur das heutige Gebiet Polens und Litauens umspannte, sondern unter anderem auch das Weißrusslands, der Ukraine und großer Gebiete, die heute zu Russland gehören. Das Schicksal Polen-Litauens war wechselhaft. Auf dem Höhepunkt seiner Macht, vom 16. bis Mitte des 17. Jahrhunderts, zählte es zu den mächtigsten europäischen Großreichen. Dann begann sein Niedergang, der verschiedene Gründe hatte. Der Wendepunkt war der Große Nordische Krieg (1700-1721). In dieser Zeit erlangte Zar Peter I. (»der Große«) Einfluss auf die inneren Angelegenheiten Polen-Litauens. Gleichzeitig konnte man sich keine politisch unterschiedlicheren Länder als Polen-Litauen und die absoluten Monarchien Preußen, Österreich oder Russland vorstellen. In Polen-Litauen wurde der König gewählt und war so etwas wie ein Präsident auf Lebenszeit. Die Macht des Monarchen wurde durch die Privilegien des Adels beschränkt, der etwa ein Zehntel der Bevölkerung stellte. Im Lauf der Zeit erwies sich das System als dysfunktional, aber hunderte Jahre lang prägte das Streben des Adels nach Freiheitsrechten den Charakter der politischen Ordnung.

Im Jahr 1772 beschlossen die drei angrenzenden Staaten Preußen, Russland und Österreich, den schwächeren Nachbarn unter sich aufzuteilen. Die Versuche, Polen-Litauen im Geist der Aufklärung zu reformieren, beunruhigten die absoluten Herrscher. Es folgten weitere Teilungen in den Jahren 1793 und 1795, und mit dieser dritten Teilung wurde Polen als Staat ausgelöscht. Von nun an war es sogar verboten, den Namen des früheren Landes zu erwähnen. Die Zerstörung der unschätzbar wertvollen polnischen Krönungsinsignien durch die Preußen war ein Schlag nicht nur für die Polen, sondern auch für das kulturelle Erbe Europas.[43]

Der Historiker Christopher Clark hat die schriftliche Begründung der 1. Teilung Polens als »kaltblütige[n] Raubzug mit einer fast schon komisch zynischen Präambel« bezeichnet: Polen-Litauen wurde vorgeblich aus Sorge um seine Zukunft zerschlagen; ein vermeintliches Chaos, hieß es in der Präambel, liefere »gute Gründe dafür, mit Besorgnis den vollständigen Zerfall des Staates zu erwarten«.[44] Ein Blick auf die aktuelle Karte der Region zeigt, dass die Erfahrung der polnischen Teilungen das Machtgleichgewicht in diesem Teil der Welt für immer veränderte und sich auf die Entwicklungsrichtung nicht nur der baltischen Völker, Belarus' und der Ukraine, sondern auch Russlands, Preußens und Österreichs auswirkte. Der Historiker Tim Blanning ist der Ansicht, dass die drei zuletzt genannten Länder »primär osteuropäische Mächte waren, die eher auf Polen denn auf Frankreich fokussiert waren«.[45]

Nicht nur unter dem Gesichtspunkt der polnischen Geschichte, sondern auch aus Sicht von Russland, Preußen und Österreich wurde die »polnische Frage« im Laufe des 19. Jahrhunderts zu einem neuen politischen und kulturellen Thema.[46] Aber sie hatte noch weitere Auswirkungen. Die Teilungen Polens veränderten auch die Identität der Aggressoren. Nehmen wir Russland: »Das Schuldgefühl gegenüber einem eroberten, aber nicht vollkommen unterworfenen Nachbarn«, schreibt der Historiker Serhii Plokhy, »war neu für die russische imperiale Psyche und stellte die Herrscher vor eine besondere Herausforderung. [...] Die Unfähigkeit, die polnische Frage anhand der herkömmlichen Methode zu lösen und die Eliten der eroberten Territorien zu assimilieren, zwang die russische imperiale Elite zu einer Neubewertung ihrer eigenen Identität.«[47] Auf der anderen Seite der Grenze feierten »deutsche Nationalisten [die Teilung] das ganze Jahrhundert bis hinein ins nächste«.[48]

In der Weltgeschichte mangelt es nicht an verschwundenen Staaten und zerfallenen Imperien. Doch aus der Perspektive der Bürger eines seiner Souveränität beraubten Landes ist das Verschwinden etwas Beispielloses. Die aufgeklärte Elite Polen-Litauens, eine durchaus große Gruppe von Menschen, musste den politischen Schock erst noch intellektuell verarbeiten. Sie lernte, dem historischen Ereignis in Bild, Musik und Text eine Form zu geben.[49] Die erwähnte Nationalhymne ist nur eines von vielen Beispielen. Eine Transformation der kollektiven Mentalität nahm ihren Anfang. Der Text der Hymne lieferte eine Antwort auf die Frage, ob eine Nation ohne Staat existieren kann. Im Zeitalter der Aufklärung hielten das viele für unmöglich. Im 19. Jahrhundert begannen sich die modernen Nationalstaaten herauszubilden. Im Fall Polens tauchten verschiedenartige Staatswesen auf und verschwanden wieder – z. B. das Herzogtum Warschau, das Königreich Polen, die Republik Krakau. Keiner dieser Staaten war unabhängig. Der Schatten der Großreiche hing über der Region, in der sich kleine und mittelgroße Nationalstaaten entwickelten. Bis zum Ersten Weltkrieg war keine bedeutsame Veränderung in Sicht.

Das erste Erdbeben der Souveränität

Nach dem Ersten Weltkrieg tauchten in Ostmitteleuropa infolge der Niederlage und Auflösung der drei Großreiche zahlreiche neue Länder auf, darunter einige zum ersten Mal, nämlich Finnland, Litauen, Lettland, Estland und die Tschechoslowakei. Andere, darunter Polen, entstanden wieder neu, nachdem sie für Jahrzehnte verschwunden gewesen waren. Wieder anderen – Belarus und der Ukraine – blieb die Souveränität verwehrt, obwohl sie im Jahr 1918 ihre Unabhängigkeit erklärten. Fast alle Länder, darunter auch jene, die schon vor 1914 existiert hatten, fanden sich in neuen Grenzen wieder und bauten ihre politischen Systeme um. Streitigkeiten über die zwischenstaatlichen Grenzen waren an der Tagesordnung.

In der Auseinandersetzung mit der posttraumatischen Souveränität ist jedoch nicht das Auftauchen neuer Staaten, sondern die Stabilität dieser Gebilde von entscheidender Bedeutung. Waren die neugeborenen kleinen und mittelgroßen Länder in Ostmitteleuropa überlebensfähig? Viele Politiker und Publizisten, die sich der Ordnung der Belle Époque verbunden fühlten, beantworteten diese Frage mit einem klaren Nein. Es ging also nicht nur um die Neuziehung der Grenzen, sondern auch um die Existenz kleiner und mittelgroßer unabhängiger Staaten als solcher.

Zu Beginn der Zwischenkriegszeit versuchten die Politiker in den neu entstandenen Ländern zu beweisen, dass die Nachkriegsordnung auf einem soliden Fundament ruhte. Dazu errichteten sie Staaten nach westlichem Vorbild und verabschiedeten moderne Verfassungen, welche die Freiheitsrechte der Bürger garantierten. Um endgültig mit der imperialen Vergangenheit zu brechen, wurde den neuen Regierungssystemen ein republikanischer und demokratischer Charakter verliehen. Finnland verabschiedete seine Verfassung im Jahr 1919, Polen stimmte 1921 über eine neue Verfassung ab, Litauen und Lettland folgten im Jahr darauf. Der vielleicht demokratischste Staat war Estland, wo die Exekutive mit der Verfassung von 1920 erheblich zugunsten der Legislative eingeschränkt wurde.

Bemerkenswert ist, dass die Furcht vor der Zerstörung eines jungen Staatswesens durch eine äußere Macht umso größer wurde, je mehr Zeit nach dem Versailler Vertrag verging. Bereits im ersten Jahrzehnt nach 1918 machte sich in Ostmitteleuropa eine gewisse Enttäuschung über die parlamentarische Demokratie breit, und die Zweifel an der Überlebensfähigkeit der neuen Staaten wuchsen. Die Mehrparteiensysteme wirkten in der Praxis chaotisch und schienen die Unabhängigkeit zu bedrohen. Erschwerend hinzu kam eine mangelnde politische Kompromisskultur. Außerdem war die Überzeugung verbreitet, Russland und Deutschland würden eines Tages ihre innere Zerrissenheit überwinden und die frühere Stärke wiedergewinnen. Sollten diese Mächte wiedererstarken, so bestand die Gefahr, dass sie versuchen würden, sich die Territorien zurückzuholen, die ihnen früher gehört hatten. In Polen beschworen die ungehemmten politischen Leidenschaften rasch eine Tragödie herauf. Im Dezember 1922 erschoss ein Künstler in einer Gemäldegalerie den ersten demokratisch gewählten Präsidenten des neuen Landes. Der Mörder war überzeugt, das Land aus großer Gefahr gerettet zu haben.

So wie sie wenige Jahre vorher Verfassungen nach westlichem Vorbild verabschiedet hatten, gaben die meisten unabhängigen Länder in Ostmitteleuropa nun eins nach dem anderen diese Verfassungen wieder auf und etablierten stattdessen autoritäre Regime. Es war eine Gezeitenwende: Viele gelangten zu der Überzeugung, die Herrschaft eines »starken Mannes« werde die innenpolitische Stabilität erhöhen und die internationale Position des Staates festigen. Eine Welle antiparlamentarischer Staatsstreiche schwappte über die Region: In Polen und Litauen kam es im Jahr 1926 zum Umsturz, in Estland und Lettland im Jahr 1934.

Die Zeitpunkte deckten sich mit denen von Mussolinis Aufstieg zur Macht in Italien in den zwanziger Jahren und Hitlers Machtergreifung in Deutschland ein Jahrzehnt später, aber die Staatsstreiche in Ostmitteleuropa wurden vor allem mit der Sorge über die Fragilität der jungen demokratischen Staaten begründet. Die Erhaltung der Souveränität hatte oberste Priorität; um der Stabilität willen wurden Errungenschaften des Parlamentarismus eingeschränkt, jedoch zunächst nicht völlig außer Kraft gesetzt. In den meisten Fällen leiteten Politiker und Militärs, die am Kampf ihres Landes für die Unabhängigkeit teilgenommen hatten, daraus ein moralisches Mandat ab, ihr Land in eine autoritäre Ordnung zu führen. Die Wählerstimmen hatten nachrangige Bedeutung. Wenn die parlamentarische Demokratie nach 1918 die Erwartungen dieser Politiker nicht erfüllte, musste sie beseitigt werden. Fast überall in Ostmitteleuropa setzte sich die Überzeugung durch, dass die staatliche Souveränität wichtiger war als das parlamentarische System.

Innenpolitische Wirren sind nicht zu unterschätzen. Aber es gibt gute Gründe für die Annahme, dass die Auslöschung der jungen Staaten Ostmitteleuropas einige Jahre später nichts damit zu tun hatte, ob ihre politischen Systeme demokratisch waren oder nicht. Während der britische Premierminister Neville Chamberlain im

Jahr 1939 seine berüchtigte Appeasement-Politik vorantrieb, machte er in einer Radioansprache klar, dass er den Gedanken für abwegig hielt, Großbritannien könne sich »wegen Streitigkeiten zwischen Menschen in einem weit entfernten Land, über das wir nichts wissen«, auf einen Krieg mit Hitler einlassen.[50] Wie wir heute wissen, waren der »Anschluss« Österreichs im Jahr 1938, die im selben Jahr in München vereinbarte Teilung der Tschechoslowakei und die Annexion des Memellands Anfang 1939 nur das Vorspiel zur Unterzeichnung des ambitionierteren deutsch-sowjetischen Nichtangriffspakts (Hitler-Stalin-Pakts) von 1939, in dessen geheimem Zusatzprotokoll die Aufteilung ganz Ostmitteleuropas von Finnland über die baltischen Länder und Polen bis hinab nach Rumänien vereinbart wurde. Einmal mehr wurden die jungen Staaten der Region zerstückelt und zum Verschwinden verurteilt, und wie so oft in ihrer Geschichte folgten Kriegsgräuel und Massentötungen. Nach dem Zusammenbruch Polens, das durch die Angriffe Nazideutschlands (am 1. September 1939) und der Sowjetunion (am 17. September) zerrissen worden war, marschierte die Rote Armee im November in Finnland ein. Die baltischen Staaten wurden gezwungen, der Stationierung sowjetischer Truppen auf ihrem Territorium zuzustimmen, ein Schritt, der, wie sich bald herausstellte, lediglich ihre Eroberung vorbereitete. Wenige Monate später verleibte sich die Sowjetunion im Juni 1940 alle drei Länder ein und stellte dem letzten noch freien Land, das Gegenstand des Nichtangriffspakts mit Deutschland war, ein Ultimatum:

Unter dem Druck Berlins und Moskaus willigte Rumänien schließlich ein, einen Teil seines Staatsgebiets abzutreten, und wenig später wurde sein Territorium weiter zurechtgestutzt. Als Deutschland im Juni 1941 die Sowjetunion überfiel, gingen die von dieser kontrollierten Teile Polens und des Baltikums in die Hände des anderen totalitären Regimes über – und nach dem Rückzug der Deutschen wurden sie wieder von der Sowjetunion geschluckt. Abgesehen von der eigentümlichen Ausnahme Finnlands verloren schließlich alle Länder, die Gegenstand des Hitler-Stalin-Paktes gewesen waren, ihre Souveränität an die Sowjetunion, sei es, dass sie dieser einverleibt wurden oder sich wie Polen und Rumänien in »Satellitenstaaten« verwandelten.

Wenn wir uns mit dem Trauma des Verlusts der staatlichen Unabhängigkeit und seinen dramatischen Konsequenzen beschäftigen, müssen wir noch einen weiteren Punkt hervorheben. Wie der britische Historiker Ian Kershaw festgestellt hat, war die »Hölle auf Erden« im Europa der Jahre 1939 bis 1945 geographisch nicht gleichmäßig verteilt. Daher sind Wahrnehmung und kollektive Erinnerung an den Zweiten Weltkrieg auf dem Kontinent uneinheitlich. Westeuropa kam relativ glimpflich davon, wie Kershaw am Beispiel Großbritanniens zeigt, wo weniger als 70000 Zivilisten getötet wurden. Hingegen waren im Epizentrum des Tötens – in Polen, der Ukraine, Belarus, den baltischen Ländern und dem westlichen Teil der Sowjetunion – etwa 10 Millionen zivile Opfer zu beklagen. Allein auf dem Vorkriegsterritorium Polens wurden etwa 6 Millionen Menschen getötet (während in Deutschland etwa 7 Millionen Menschen starben).[51] Es erübrigt sich zu sagen, dass abstrakte Zahlen das ungeheure menschliche Leid verschleiern, doch sie zeigen deutlich, warum die Ukrainer und andere Ostmitteleuropäer heute der Idee misstrauen, über die Köpfe der Verantwortlichen in Kiew hinweg eine Friedenslösung für die Ukraine zu finden. Da frühere Verluste der Souveränität in der Region zu einem derartigen Ausmaß an Kriegsgräueln und Massenmorden geführt haben, halten es die Gesellschaften dieser Länder für erwiesen, dass ein Friedensschluss mit Russland ohne vorhergehenden militärischen Sieg über das Land lediglich zu einer weiteren Wiederholung der Geschichte führen wird. Die Franzosen oder andere Westeuropäer, denen es gelungen ist, ihre nationale Kultur um den Preis der Kapitulation – zum Beispiel vor Hitler – zu retten, mögen einen Friedensschluss vorschlagen. Doch die Ostmitteleuropäer haben die Erfahrung gemacht, dass eine Kapitulation und ein Friedensschluss, der nicht auf einer eigenständigen Entscheidung beruht, gleichbedeutend ist mit Auslöschung, und die russischen Gräueltaten, die nach dem Abzug der Besatzer aus der ukrainischen Kleinstadt Butscha im Jahr 2022 aufgedeckt wurden, haben sie in dieser Überzeugung bestärkt.

Der finnische Actionfilm *Sisu* aus dem Jahr 2022 spielt im Zweiten Weltkrieg in Lappland. Im Jahr 1944 haben die Finnen gerade die Seiten gewechselt und kämpfen an der Seite der Alliierten gegen das Dritte Reich. In einer von Quentin Tarantino inspirierten Gewaltästhetik zeigt der Film den Zusammenstoß zwischen Aatami Korpi, einem legendären finnischen Elitesoldaten und Goldsucher, der versucht, seinen Schatz in Sicherheit zu bringen, und einer von einem brutalen SS-Offizier kommandierten Todesschwadron. Beim Anblick der aufeinanderfolgenden Kämpfe beginnt der Zuschauer langsam zu verstehen, dass Korpi keine reale Person, sondern ein Symbol Finnlands und seines hartnäckigen Widerstands gegen die Besatzer ist. So wird eine Legende geboren, die in der Sprache der zeitgenössischen Popkultur erzählt wird: die Legende Finnlands, das als einziges Land dem vom deutsch-sowjetischen Nichtangriffspakt vorgezeichneten Schicksal entging. Es gelang Finnland, sich in einem ungleichen Kampf gegen die Sowjetunion zu behaupten und seine Unabhängigkeit zu verteidigen, obwohl es den Krieg schließlich verlor und Gebiete abtreten musste. Nach dem Zweiten Weltkrieg entwickelte das Land ein einzigartiges Modell der Außenpolitik und bezog eine Position zwischen Ost und West. Es wurde zum Modell der »Finnlandisierung«: Ein Land nimmt eine Einschränkung seines außenpolitischen Bewegungsspielraums durch eine äußere Macht hin, die sich im Gegenzug nicht in seine inneren Angelegenheiten einmischt.

Obwohl Finnland der Unterwerfung durch die Sowjetunion entging, wirken sich jene Ereignisse sogar dort bis heute auf die Politik aus. Der finnische Präsident Sauli Niinistö erinnerte in seiner Neujahrsansprache an die Konsequenzen des Hitler-Stalin-Pakts, der zum Finnisch-Russischen Krieg führte: »Im letzten

Jahr wurden wir unvermittelt von der Vergangenheit eingeholt. Von etwas, das aufeinander folgende Generationen als immer weiter entfernt betrachteten und aufgrund seiner Irrationalität für fast unmöglich hielten. Der Schrecken eines großen Krieges ist nach Europa zurückgekehrt. [...] Wenn Russland geglaubt hat, eine massive Drohung werde die Ukraine rasch in die Knie zwingen, dann hat es die Lage vollkommen falsch eingeschätzt. Es drängen sich Parallelen zu unserem Winterkrieg auf, als die Sowjetunion überzeugt war, sie werde innerhalb von zwei Wochen Helsinki einnehmen. Als autoritärer Herrscher ist Putin wie Stalin nicht in der Lage, einen Schlüsselfaktor richtig einzuschätzen: Die Einwohner eines freien Landes haben ihren eigenen Willen und eigene Überzeugungen. Und eine Nation, die zusammensteht, besitzt immense Kraft.«[52]

Ostmitteleuropa machte weitere traumatische Erfahrungen. Während die Konferenz von Jalta für Westeuropa die Wirren des Zweiten Weltkriegs beendete, beschwor sie in Ostmitteleuropa neue Wirren herauf. Aus Sicht der kleinen und mittelgroßen Länder der Region stehen die Konferenzen der »Großen Drei«, insbesondere jene in Jalta, für eine düstere Vergangenheit und wecken ähnlich negative Erinnerungen wie der Hitler-Stalin-Pakt. Bei den Treffen der Regierungschefs der USA, Großbritanniens und der Sowjetunion wurde willkürlich von oben über das Schicksal Ostmitteleuropas entschieden. Die Resultate der Verhandlungen entsprachen in mancher Hinsicht sogar dem, was Hitler und Stalin beabsichtigt hatten: Beispielsweise kam das Baltikum für mehrere Jahrzehnte unter sowjetische Herrschaft. Dass sich die Vereinigten Staaten dieser Tatsache nicht bewusst waren, hatte in der Praxis keine Auswirkungen auf die Entwicklung im folgenden halben Jahrhundert: Im übertragenen Sinn fand sich Ostmitteleuropa einmal mehr im Tiefkühlfach der Geschichte wieder, in der Einflusssphäre einer ausländischen Macht und ohne Aussicht auf Selbstbestimmung. Durch Wahlfälschung und politische Morde wurden diesen Ländern von Moskau gelenkte kommunistische Regierungen aufgezwungen, und formal änderte sich mit Blick auf die Souveränität bis 1989 nichts.

In anderer Hinsicht aber änderte sich einiges. Die Gesellschaften der kleinen und mittelgroßen Länder machten einen tiefgreifenden Wandel durch. In der zweiten Hälfte des 20. Jahrhunderts entwickelte sich ihr Streben nach Freiheit und Unabhängigkeit unterschiedlich. Einige glaubten, die nationale Unabhängigkeit solle ein Wert an sich für das Land sein. Andere hofften, ein eigener Staat werde ihnen breit gefächerte individuelle Freiheitsrechte garantieren. Wieder andere sahen in der Unabhängigkeit eine notwendige Voraussetzung für eine Verbesserung der schlechten wirtschaftlichen Lage. Es kam zu Aufständen gegen die kommunistische Herrschaft, etwa in Berlin im Jahr 1953, in Ungarn und Polen im Jahr 1956, zu Reformbewegungen in der Tschechoslowakei und Polen im Jahr 1968, zu einer starken Untergrundbewegung, die sich in Polen im Jahr 1970, 1976 und 1980/81 in Streiks und Protestaktionen Bahn brach. Dieses Aufbegehren wurde ebenso gewaltsam unterdrückt wie kleinere Manifestationen des Widerstands. Für jene Teilnehmer, deren Ziel die Wiedererlangung der nationalen Unabhängigkeit war, vertiefte die Niederschlagung der Protestbewegungen das Trauma.

Das zweite Erdbeben der Souveränität

Die Zeile »Listening to the wind of change« im gleichnamigen Lied der westdeutschen Band The Scorpions hatte für das Publikum in Ost und West unterschiedliche Bedeutungen.[53] Für die westlichen Staaten brachte der Zusammenbruch des Kommunismus vor allem den Sieg über einen langjährigen ideologischen Rivalen und das Ende der Bedrohung durch die Atombombe. Hingegen wirkte das Ende des Kalten Kriegs aus Sicht Ostmitteleuropas nicht wie das Ende der Geschichte, das Francis Fukuyama in einem berühmten Artikel behauptete, sondern wie eine Wiederholung der Geschichte: Die Grenzen in der Region wurden neu gezogen, und es kam zu einer zweiten Welle, ja zu einem Tsunami der Souveränität für die kleinen und mittelgroßen Staaten Ostmitteleuropas, wo die westlichen Demokratien eine fast blinde Bewunderung genossen. Leider erinnerten sich nur wenige an die Ambiguität dieser Ereignisse und daran, dass ein Tsunami tiefe Spuren hinterlassen kann.

»Wenn ich meine Generation mit der meiner Großmutter vergleiche, stelle ich fest, dass sie alles hatten. Sie hatten die Freiheit, sie hatten die Wahl, sie hatten eine freie Welt. Ihnen wurde alles weggenommen. Und für meine Generation ist alles anderes. Wir hatten nichts, wir hatten keine Wahl, wir hatten leere Läden. Dann bekamen wir alles, im Jahr 1991 bekamen wir unsere Freiheit zurück.«[54] So erklärte die estnische Ministerpräsidentin Kaja Kallas, was der »Wind des Wandels« für ihre Landsleute bedeutete. Genau wie das Ende des Zweiten Weltkriegs führten das Ende des Kalten Kriegs und der Zusammenbruch der Sowjetunion im Jahr 1991 zur Entstehung vieler neuer Staaten, darunter die Ukraine und Belarus, und viele andere erlangten die volle Souveränität zurück. Es verschwanden auch einige Staaten von der europäischen Landkarte, darunter die DDR; andere zerfielen in mehrere Länder, darunter Jugoslawien (gewaltsam) und die Tschechoslowakei (friedlich). Überall in der Region waren Prozesse zu beobachten, die verblüffend an die Zeit unmittelbar nach dem Ersten Weltkrieg erinnerten: Es wurden neue Verfassungen verabschiedet und parlamentarische Systeme errichtet. In einigen Fällen wurde auf Staatsformen aus der Zeit vor dem Zweiten Weltkrieg Bezug genommen. Es begann die Suche nach der unterbrochenen institutionellen Kontinuität. Sofern vorhanden, wurden die alten Flaggen, Embleme, Hymnen und andere Symbole der nationalen Unabhängigkeit wieder hervorgeholt. In Polen hatte die Tatsache, dass der neue Staat als Dritte Republik bezeichnet wurde, nachdem die erste vom 15. bis zum 18. Jahrhundert Bestand gehabt und die zweite nur in der Zwischenkriegszeit existiert hatte, symbolische Bedeutung. Und in Lettland setzte man die Verfassung von 1922 wieder in Kraft, was als Wiederherstellung der staatlichen Kontinuität betrachtet wurde.

Individuelle und kollektive Erfahrung, öffentliche und private Sphäre lassen sich im historischen Prozess kaum voneinander trennen. Der traumatische Verlust der Staatlichkeit in Ostmitteleuropa war kein abstraktes Konzept, sondern konkrete Erfahrung, die jeden einzelnen Bürger betraf, seine Lebenswelt tiefgreifend veränderte oder zerstörte. Gesellschaftliche Institutionen lösten sich auf, die Behörden konnten ihre Schutzfunktion nicht mehr ausüben, das Alltagsleben wurde chaotisch, viele Menschen waren gruppenspezifischer Gewalt ausgesetzt. Solche von radikaler Unsicherheit geprägten Phasen gruben sich tief ins Gedächtnis ein, und die Erinnerungen an die Angst und die Schrecken formten die kollektive Identität.

In der Ukraine war bereits vor dem Zusammenbruch der Sowjetunion die Forderung laut geworden, die Geschichte des ukrainischen Volkes gesondert zu erforschen. Es wurden historische Ereignisse diskutiert, die der sowjetischen Version der Vergangenheit widersprachen, insbesondere der Holodomor, die große Hungersnot der dreißiger Jahre. Im Januar 1990 wurde eine 500 Kilometer lange Menschenkette zwischen Kiew und Lwiw gebildet, um an ein Kapitel aus der Zeit des Unabhängigkeitskampfs nach dem Ersten Weltkrieg zu erinnern: an die kurzfristige Vereinigung der Westukrainischen mit der Ukrainischen Volksrepublik im Jahr 1919. Diese Demonstration mit 400 000 Teilnehmern war übrigens einer ähnlichen Aktion in den baltischen Ländern nachempfunden. In Litauen, Lettland und Estland wurde am 23. August 1989 eine Menschenkette gebildet, um des 50. Jahrestags des deutsch-sowjetischen Nichtangriffspakts und seiner furchtbaren Folgen zu gedenken. Beide Ereignisse, die eng mit der dramatischen Geschichte der Region zusammenhingen, veranschaulichten die schwierige Beziehung zwischen den individuellen und kollektiven Emotionen, die mit Eigenstaatlichkeit und Souveränität verbunden sind. Offenkundig hatte das Trauma des Jahres 1939 die kommunistische Ära überdauert und war ein wichtiger Bestandteil der kollektiven Identität geworden.

Wie verhält es sich aber mit den Schattenseiten des ersten Erdbebens der Souveränität: mit der Einschränkung und schließlich Beseitigung der Demokratie unter dem Vorwand, dies sei unvermeidlich, um die staatliche Souveränität zu sichern? Interessanterweise wurden die bekanntesten Politiker der Zwischenkriegszeit, die zweifellos wichtige Beiträge zur Souveränität ihrer Staaten geleistet, jedoch auch eine zweifelhafte Rolle beim Rückfall ihrer Länder in die Autokratie gespielt hatten, schon in den Jahren unter kommunistischer Herrschaft idealisiert. Wie verbotene Früchte verwandelten sie sich – oft im Widerspruch zur offiziellen ideologischen Linie – in der Phantasie der Massen in Helden, und dieses Phänomen überdauerte auch die Demokratisierungswelle des Jahres 1989. Beispielsweise stand in Polen bei vielen Familien in sowjetischer Zeit eine kleine Büste Józef Piłsudskis im Bücherregal. Nach 1989 wurde die Verehrung des ersten polnischen Staatschefs, der im Jahr 1926 durch einen Staatsstreich die amtierende Regierung zum Rücktritt zwang und das Land bis 1935 autoritär regierte, aus der privaten in die öffentliche Sphäre geholt: Überall tauchten Büsten und Denkmäler Piłsudskis auf. In Riga steht noch heute ein Monument für Kārlis Ulmanis, der Lettland bis 1939 mit diktatorischen Vollmachten regierte. Und im Oktober 1990 ließ die demokratisch gewählte estnische Regierung die sterblichen Überreste von Konstantin Päts, der das Land vor dem Zweiten Weltkrieg diktatorisch regiert hatte, in die Heimat überführen und in Tallinn feierlich bestatten.

So fragwürdig diese Politiker in den Augen liberaler Demokraten sein dürften, muss der Grund dafür, dass sie auch nach dem Fall des Kommunismus weiter als Nationalhelden betrachtet werden, in Eigentümlichkeiten der politischen Kultur Ostmitteleuropas gesucht werden. In diesen Ländern hat der Verlust der Souveränität in der Vergangenheit in zweierlei Hinsicht entscheidenden Einfluss auf die Definition von Staatlichkeit und kollektiver Identität gehabt. Erstens sind die früheren Staatszusammenbrüche Präzedenzfälle: Eine Invasion und Unterwerfung durch eine ausländische Macht kann auf die andere folgen. Zweitens haben die Ereignisse des 20. Jahrhunderts den Gesellschaften dieser kleinen und mittelgroßen Länder bewiesen, dass der Verlust der Souveränität eine tödliche Bedrohung ist und große Gruppen der Gesellschaft roher Gewalt aussetzen kann. Daher ist die vorrangige politische Herausforderung in Ostmitteleuropa nicht die Wahl des politischen Systems, sondern die Erhaltung der nationalen Souveränität. Die politischen Systeme können variieren, und heute sehen wir, dass sie in der Region sehr unterschiedliche Formen annehmen: Polen wird von nationalistischen Populisten regiert, die Ukraine ist eine Demokratie, die jedoch unter verbreiteter Korruption leidet, Estland und Finnland sind gut funktionierende freiheitliche Demokratien. Der Grund für diese Vielfalt ist, dass die Wahl des Systems in dieser politischen Kultur zweitrangig gegenüber der Aufgabe ist, die Souveränität der Nation zu erhalten.

Das wird oft falsch interpretiert. Der zu Unrecht in Vergessenheit geratene politische Philosoph John Plamenatz, der als Nachfolger Isaiah Berlins in Oxford lehrte, wies schon in den frühen siebziger Jahren darauf hin, dass sich die nationale Identität in Ostmitteleuropa neben oder sogar in Konflikt mit dem Staat entwickelt hatte. Beispielsweise hat die Tatsache, dass sich Polen seit dem 24. Februar 2022 in eines der wichtigsten Aufnahmeländer für ukrainische Flüchtlinge und in eine militärische Drehscheibe für die Verbündeten Kiews verwandelt hat, bei einigen Beobachtern im Westen die Überzeugung reifen lassen, Warschau habe seinen Kurs korrigiert und befinde sich möglicherweise auf dem Weg zurück zur liberalen Demokratie. Wenn es nur so wäre! Man könnte meinen, die polnische Regierung verteidige im gegenwärtigen Krieg die ukrainische Demokratie. Aber das tut sie nicht. Sie verteidigt die Souveränität Polens und das Selbstbestimmungsrecht der Völker. Während Souveränität und liberale Demokratie in den Augen vieler im Westen Hand in Hand gehen, ist das in Mittel- und Osteuropa nicht immer der Fall. Deshalb wird viel Energie darauf verwandt, sicherzustellen, dass die Zukunft keine Wiederholung der Geschichte sein wird. Werte wie Rechtsstaatlichkeit und bürgerliche Freiheitsrechte treten dabei in den Hintergrund. Die Angst, die gegenwärtig angesichts des historischen Staatszusammenbruchs umgeht, hat viele Gesichter.

Kapitel 2
Die posttraumatische Souveränität in Aktion

Die Ereignisse hatten große Symbolkraft. Am 12. März 2022, zwei Wochen nach Beginn des russischen Angriffskriegs gegen die Ukraine, führten die Regierungschefs Frankreichs und Deutschlands eine Telefonkonferenz mit Präsident Wladimir Putin. Nur wenige Tage später reisten die Ministerpräsidenten dreier ehemaliger Ostblockländer allen Gefahren zum Trotz im Zug nach Kiew.[55]

In den ersten Wochen nach der Großinvasion wurde viel über die Kluft zwischen Ost- und Westeuropa geschrieben. Kommentatoren zeigten sich überrascht davon, wie unterschiedlich sich Politiker aus den beiden Teilen des Kontinents verhielten – als wäre die historische Kluft zwischen den beiden Europas wieder aufgebrochen. Viele erinnerten sich an frühere Warnungen vor Putins Russland, die sie aus Ostmitteleuropa erreicht hatten. Russlands direkte Nachbarn befürchteten seit langem, das nächste Ziel der russischen imperialen Aggression zu werden. Doch so etwas wie eine gemeinsame europäische Angst vor Russland gab es nicht – aus mindestens zwei Gründen.

Erstens war die Möglichkeit eines großen Krieges in Europa weitgehend aus dem öffentlichen Bewusstsein verschwunden. Jahrzehntelang wurde auf dem Kontinent mit Recht die Parole »Nie wieder Krieg« skandiert. Die wichtigsten europäischen Länder schlossen sich zu einer Union zusammen, die Frieden und Wohlstand garantieren sollte. Ereignisse wie der Krieg im ehemaligen Jugoslawien schienen keine Vorboten einer neuen Ära der Konflikte, sondern Nachwehen des Kalten Kriegs zu sein. Russlands Kriege in Tschetschenien, einer autonomen Republik innerhalb der Russischen Föderation, und im seit 1991 unabhängigen Georgien waren für viele Europäer weit entfernte Ereignisse. Außerdem glaubten bis Februar 2022 viele auf dem Alten Kontinent, totalitäre und autoritäre Regimes könnten durch wirtschaftlichen Austausch in eine friedliche internationale Ordnung eingebunden werden.

Zweitens dürfte das Argument, die osteuropäischen Länder seien aufgrund ihrer geographischen Nähe zu Russland bedroht, auf viele Beobachter wenig überzeugend gewirkt haben. Dank der Existenz von Langstreckenraketen und virtueller Kriegführung hängt das Ausmaß der militärischen Bedrohung im 21. Jahrhundert nicht unbedingt von der geographischen Lage eines Landes ab. Es genügt, darauf hinzuweisen, dass die russischen Geheimdienste aktive Operationen in Ländern durchgeführt haben, mit denen sie keine gemeinsame Grenze haben, darunter Großbritannien.[56] Dennoch war unübersehbar, dass die politischen Reaktionen auf den russischen Überfall auf die Ukraine im Westen und Osten Europas sehr unterschiedlich ausfielen. Offenbar war die Geographie sehr wohl bedeutsam. Schließlich hatte Russland kein fernes Territorium militärisch angegriffen, sondern ein Nachbarland. Und im Winter 2022 schienen sich die unmittelbaren Nachbarn Russlands besonders vor dem gewalttätigen Lauf der Ereignisse zu fürchten. Aber zu jenem Zeitpunkt spielte es auch eine wichtige Rolle, welche historischen Assoziationen die herrschende politische Klasse eines Landes herstellte, um ihr Handeln zu begründen.

Das war die eine Seite der Medaille. Die andere Frage war, ob die Gesellschaft diese Assoziationen teilte. In EU-Ländern wie Estland, Lettland, Litauen, Rumänien und Polen waren die Bürger dazu bereit. Die Öffentlichkeit nahm dort weitgehend einhellig eine ablehnende Haltung gegenüber dem russischen Neoimperialismus ein. In der gesamten Region kamen alte kollektive Traumata wieder zum Vorschein.

Wir schreiben dies mehr als ein Jahr nach Beginn des offenen russischen Überfalls auf die Ukraine. Die Positionen von Politikern in Ost- und Westeuropa haben sich unter dem Eindruck der Berichterstattung aus dem angegriffenen Land, vor allem durch die schockierenden Bilder der Zerstörung ganzer Städte und Landstriche, weiterentwickelt und einander angenähert. Unter dem Eindruck des Krieges hat sich das Bild, das sich die westliche Welt von der Region und ihren einzelnen Ländern – insbesondere von der Ukraine – macht, erheblich geändert. Die Ursachen des Krieges werden mittlerweile anders eingeschätzt, und die Einstellung zu den erforderlichen Schritten (einschließlich der Versorgung der Ukraine mit mehr und besseren Waffen) hat sich gewandelt.[57] Im Mai 2023 rang sich der französische Präsident Emmanuel Macron bei einem Treffen mit Vertretern der postkommunistischen Länder in Bratislava sogar zu einem selbstkritischen Eingeständnis durch: »Wir haben nicht immer richtig zugehört, wenn Sie uns zur Anerkennung Ihrer Geschichte und Ihrer schmerzhaften Erinnerungen aufforderten.«[58] Aber um die posttraumatische Souveränität richtig zu verstehen, müssen wir uns vor Augen halten, dass die Unterstützer der Ukraine aus der Frühzeit des russischen Angriffs den Krieg durchaus unterschiedlich wahrnahmen. Ihre Einschätzungen wirken sich nicht nur auf die politischen Maßnahmen aus, sondern auch auf die Erwartungen, wie dieser Krieg wohl zu beenden sei.

Putins Kriege

Wladimir Putins Popularität als militärischer Führer weckte in Ostmitteleuropa schon frühzeitig Befürchtungen. Rufen wir uns in Erinnerung, dass schon vor Putins Aufstieg eine kleine muslimische Kaukasusrepublik im ersten Tschetschenienkrieg (1994-1996) um ihre Abspaltung von Russland gekämpft hatte. Dass die Regierung in Moskau anfangs nicht imstande war, die Lage unter Kontrolle zu bringen, empörte Wladimir Putin, der zu jener Zeit bereits auf dem Weg zur Macht war. In der Folge diente die Furcht vor einem weiteren Zerfall der Russischen Föderation als ideologische Begründung für einen neuen Krieg. Im Jahr 1999 begann während Putins kurzer Amtszeit als

Ministerpräsident unter dem Vorwand des Kampfs gegen den Terrorismus ein zweiter, brutal geführter Krieg in Tschetschenien. Nach Schätzungen der russischen Menschenrechtsorganisation Memorial wurden in beiden Kriegen insgesamt etwa 75 000 Zivilisten und 14 000 Militärs getötet.

Die brutale russische Kriegführung im Kaukasus weckte die Solidarität der ehemaligen Ostblockländer mit Tschetschenien. Am 21. April 1996 hatten die Russen den Präsidenten des unabhängigen Tschetscheniens, Dschochar Dudajew, anhand des Signals eines Satellitentelefons aufgespürt und ihn mit einer Kombination von Sprengfalle und Raketenangriff ermordet. Zu jener Zeit war es eine spektakuläre Machtdemonstration, die den Kriegsverlauf zum Nachteil Tschetscheniens beeinflusste.[59]

In den baltischen Staaten, in Polen und der Ukraine wurden Straßen und Plätze nach Dudajew benannt. In Vilnius steht ein Denkmal des tschetschenischen Präsidenten, und im Zentrum von Warschau trägt seit 2005 ein Kreisverkehr seinen Namen. »Wir danken Ihnen im Namen der 6000 Tschetschenen, die in Polen leben«, erklärte eine Gruppe von Flüchtlingen aus der Kaukasusrepublik in einer Sitzung des Stadtrats von Warschau.[60] Doch in den neunziger Jahren gingen die osteuropäischen Länder in ihrer Solidarität nicht so weit, einen unabhängigen tschetschenischen Staat anzuerkennen und eine offene Konfrontation mit Russland zu riskieren. Einige postkommunistische Politiker teilten die russische Interpretation des Tschetschenienkriegs. Doch die Tatsache, dass Dschochar Dudajew schon in seiner Zeit als Kommandeur eines sowjetischen Luftwaffenstützpunkts in Estland mit dem antirussischen Nationalismus in Ostmitteleuropa sympathisiert und sich im Jahr 1990 geweigert hatte, militärisch gegen die Esten vorzugehen, blieb in Erinnerung. Möglicherweise war die Geschichte des Baltikums eine Inspiration für den tschetschenischen Präsidenten, der anscheinend denselben Unabhängigkeitsprozess im Kaukasus wiederholen wollte.[61]

Die zwei Tschetschenienkriege gaben den Bürgern Ostmitteleuropas zu denken. Der Ausbruch des Konflikts in Georgien im Jahr 2008 wurde als gefährliche Fortsetzung der militärischen Aggression Russlands, diesmal gegen einen benachbarten Staat, verstanden. Die Regierung in Tiflis hatte versucht, Regelungen für die Existenz prorussischer Enklaven auf georgischem Territorium zu finden. Ebenso bedeutsam für die Entwicklungen im Jahr 2008 war jedoch die Tatsache, dass ein Teil der Bevölkerung den Weg beschreiten wollte, den die Länder Ostmitteleuropas vorgezeichnet hatten. Die Integration in die Strukturen der westlichen Welt wurde zu einem vordringlichen Ziel. Auf dem NATO-Gipfel in Bukarest im April 2008 bot die Allianz Georgien und der Ukraine trotz der Unterstützung der USA und Polens keinen Aktionsplan zur Mitgliedschaft an. Frankreich und Deutschland waren dagegen. Doch einigte man sich darauf, Georgien und der Ukraine eine künftige Aufnahme in das Bündnis in Aussicht zu stellen. Das bewegte Moskau dazu, angesichts des von westlichen Investitionen angekurbelten Wirtschaftsaufschwungs in Georgien die Behauptung aufzustellen, der Westen habe Russland getäuscht und verfolge eine offensive Politik an seinen Grenzen. Putin entsandte reguläre Truppen, die kurze Zeit später vor den Toren der Hauptstadt des kleinen Landes standen.

Die Länder Ostmitteleuropas demonstrierten ihre Solidarität mit dem angegriffenen Georgien auf eine Art, die verblüffende Ähnlichkeit hatte mit der Reise der drei Ministerpräsidenten nach Kiew im Jahr 2022: Der polnische Staatspräsident Lech Kaczyński lud die Staatschefs von Litauen, Lettland, Estland und der Ukraine ein, trotz des militärischen Konflikts gemeinsam nach Tiflis zu reisen. Die Tatsache, dass diese Politiker bereit waren, aus Solidarität mit einem angegriffenen Land in der Region Leib und Leben zu riskieren, löste in den fünf Ländern eine innenpolitische Kontroverse über den Besuch aus und trug den Beteiligten sogar den Vorwurf des verantwortungslosen Abenteurertums ein.[62] Die fünf Politiker ließen sich nicht abschrecken, besuchten am 12. und 13. August die georgische Hauptstadt und hielten dort öffentliche Ansprachen. In diesen spontan verfassten Reden kam die posttraumatische Haltung zur Souveränität deutlich zum Ausdruck. Die Besucher aus Ostmitteleuropa stellten historische Analogien her, um die aktuellen Geschehnisse richtig einzuordnen und ihren westlichen Verbündeten die Augen für die Gefahr zu öffnen. In ihrer ostmitteleuropäischen Interpretation der russischen Invasion in Georgien verknüpften sie die Ereignisse mit der traumatischen Geschichte der Region. Gestützt auf ihre historische Erfahrung warnten sie vor Russland und ermahnten den Westen, die imperialen Bestrebungen Wladimir Putins nicht zu ignorieren. Der litauische Präsident Valdas Adamkus ging sogar so weit, an die Entwicklungen, die zum Zweiten Weltkrieg geführt hatten, zu erinnern und die verheerenden Auswirkungen der Beschwichtigungspolitik gegenüber Hitler zu beschwören: Die Welt dürfe nicht vergessen, wohin das Appeasement geführt habe.[63]

Die Analogie mit »München« bedeutete zweierlei: Erstens täuschten sich die Demokraten im Westen möglicherweise im Jahr 2008 ebenso über Putins Russland wie im Jahr 1938 über Nazideutschland. Zweitens hatte der Versuch der westlichen Demokratien, den Frieden auf Kosten Ostmitteleuropas zu bewahren, im 20. Jahrhundert den Krieg nicht verhindern können, was zeigte, dass es keine Garantie dafür gab, dass sich dieses Szenario hundert Jahre später nicht wiederholen würde. In der Rede des lettischen Ministerpräsidenten Ivars Godmanis kam zum Ausdruck, dass die Appeasement-Politik gleichbedeutend mit der Aufgabe von Territorien kleinerer Staaten für die Illusion des Friedens gewesen war. Er erklärte: »Es kann keine Lösung auf Kosten der territorialen Integrität Georgiens geben.«[64]

Einer der auffälligsten Unterschiede in der Wahrnehmung des Krieges gegen die Ukraine besteht darin, dass er nicht als singuläres Ereignis, sondern als Teil einer langfristigen Entwicklung betrachtet wird. Diese Einschätzung trat schon im Jahr 2008 in Tiflis deutlich zutage. Der polnische Präsident Lech Kaczyński sagte: »Es ist uns auch vollkommen klar, dass heute Georgien an der Reihe ist, morgen die Ukraine, danach die baltischen Länder, und später kommt vielleicht mein Land, Polen, an die Reihe!«[65] Die osteuropäischen Politiker bezweifelten, dass die internationalen Strukturen des Westens geeignet waren, neue Bedrohungen abzuwehren. Der estnische Präsident Toomas Hendrik Ilves warnte sogar, der russisch-georgische Krieg sei ein »Prüfstein für die Fähigkeit der Europäischen Union, die europäische Sicherheitspolitik in der Zukunft zu gestalten. Europa muss seine gesamte Sicherheits- und Außenpolitik überprüfen und der neuen Realität anpassen.«[66]

Das waren keine leeren Worte. Nur wenige Monate früher, im April 2007, hatte Estland eine massive dreiwöchige Cyberattacke überstanden, für die Russland verantwortlich gemacht wurde.[67] Dieser beispiellose Angriff hatte die westlichen Länder vollkommen überrascht: Die Websites von staatlichen Institutionen, Parteien, Massenmedien und führenden Wirtschaftseinrichtungen waren lahmgelegt worden.[68] Diese Attacke fand nur zwei Monate nach Wladimir Putins berühmter antiwestlicher Rede in München[69] statt, in der er sich auch mit Ostmitteleuropa beschäftigt hatte. Zu jener Zeit wurde über die Errichtung eines Raketenabwehrsystems in den postkommunistischen Ländern diskutiert. Es überrascht nicht, dass Putin der Meinung der unabhängigen Länder in der Region keine Beachtung schenkte. Der tschechische Außenminister Karel Schwarzenberg reagierte empört: »Die Tschechische

Republik wird eine souveräne Entscheidung über ihre Beteiligung am Projekt für den Raketenschutzschild fällen.«[70]

Es ist kaum zu übersehen, dass die zahlreichen Warnungen der osteuropäischen Länder angesichts der Entwicklungen in der Ukraine seit 2014 und vor allem seit 2022 im Wesentlichen eine Wiederholung der Argumente darstellten, die ihre Regierungsvertreter im Jahr 2008 vorgebracht hatten. In ihren Augen war die Wende der Ereignisse in der Ukraine lediglich ein weiteres Glied in der Kette. Das galt umso mehr, als die Entwicklung in Georgien sich sechs Jahre später auf ukrainischem Territorium wiederholte: Als die verdeckten Bemühungen des Kreml, die ukrainische Innenpolitik zu beeinflussen, nicht zum Erfolg führten, setzte sich die russische Armee in Bewegung. Im Jahr 2014 wurde die Krim besetzt. Es folgte eine als »spontane« Erhebung prorussischer Separatisten getarnte Invasion des Donbas und von Donezk. Damit begann der lange russisch-ukrainische Krieg, der mit der groß angelegten Invasion im Februar 2022 in eine neue Phase eintrat.

In Ostmitteleuropa wurde die zunehmende Präsenz des russischen Militärs in verschiedenen Konfliktgebieten, auch außerhalb Europas, mit großer Besorgnis verfolgt. Es konnte nicht überraschen, dass sich Russland durchweg gegen den Westen, die Demokratie, die EU-Strukturen und die NATO aussprach, dass es ab 2015 den Diktator Baschar al-Assad im Kampf gegen die aufständische syrische Bevölkerung militärisch unterstützte oder denselben Modus operandi auf Afrika (zum Beispiel auf Mali und Libyen) ausweitete. Ostmitteleuropa war nicht überrascht von Russlands neoimperialistischen Bestrebungen, obwohl die mit der posttraumatischen Souveränität verbundene Angst in Politik und Gesellschaft in den einzelnen Ländern unterschiedlich stark ausgeprägt war.

Ein nicht so überraschender Verbündeter? Der Fall Finnlands

Im Jahr 1989 drehte der finnische Regisseur Pekka Parikka anlässlich des 50. Jahrestags der russischen Invasion im Herbst 1939 den mittlerweile ikonischen Film »Winterkrieg«. Darin erzählt er die Geschichte eines Infanterieregiments aus Österbotten, das gegen zahlenmäßig klar überlegene russische Truppen kämpfen und Hunger, Kälte und körperliches und seelisches Leid überstehen muss. Der dreistündige Film enthält ungewöhnlich realistische Darstellungen der Gefechte und zeigt dem Zuschauer die Grausamkeit des langen, ungleichen Kampfes, den die Finnen führen mussten. Es gibt zahlreiche Beispiele für heldenhafte Tode, denen vollkommen sinnlose Tode auf scheinbar sicheren Straßen oder bei der Befriedigung intimer Bedürfnisse gegenüberstehen. Wie fest verwurzelt der Winterkrieg im Bewusstsein der finnischen Gesellschaft ist, zeigt sich daran, dass sich Ministerpräsidentin Sanna Marin in einer Parlamentsrede über die aktuelle außen- und sicherheitspolitische Situation auf diesen Konflikt bezog. Sie erinnerte an den Jahrestag des Endes des Winterkriegs und an den sowjetischen Überfall auf Finnland: »Wir kämpften damals ebenfalls für unsere Unabhängigkeit, und jetzt sind die Bürger und Bürgerinnen der Ukraine in derselben Situation.«[71]

Der russische Angriff auf die Ukraine hat in Finnland offenkundig traumatische Erinnerungen geweckt, obwohl sich das kleine Land seit langem der Möglichkeit einer solchen militärischen Aggression bewusst ist. Der Zusammenbruch der Sowjetunion im Jahr 1991 wirkte sich auf den Status Finnlands aus, das sich offenkundig nicht aus freien Stücken zur Neutralität verpflichtet hatte. Zu jener Zeit waren in Helsinki die Auswirkungen der Wirtschaftskrise in Russland zu spüren (unter anderem stieg die Arbeitslosigkeit deutlich). Dass sich fast die gesamte Region für die umfassende politische und wirtschaftliche Integration in den Westen entschied, hatte auch praktische Gründe. So fällten die Finnen im Jahr 1995 die souveräne Entscheidung, sich der Europäischen Union anzuschließen, die im Vertrag von Maastricht bereits entworfen war.

Nach den Jahren der erzwungenen Neutralität begann Finnland auch außenpolitisch seine volle Souveränität auszuüben. Die Finnen zeigten große Begeisterung für die europäische Einigung; das Land wurde Mitglied des Schengenraums und führte den Euro ein. Finnland strebt eine Führungsposition in Wirtschaftssektoren wie Telekommunikation und Cyber Security an und hat seine Wirtschaft vollkommen auf den Westen ausgerichtet.

Dass die Möglichkeit eines Wiedererwachens des russischen Imperialismus in Finnland nicht in Vergessenheit geraten ist, zeigt sich besonders an den Rüstungsausgaben des Landes und an der Struktur seiner Streitkräfte. Seit dem Zusammenbruch des Kommunismus hat sich Finnland der NATO angenähert, und sei es auch nur durch den Kauf amerikanischer Waffensysteme. Das Land legt seit langem großen Wert auf die militärische Ausbildung und verfügt über etwa 250000 Reservisten. Doch bis zum russischen Angriff auf die Ukraine übte sich Finnland in diplomatischer Zurückhaltung, wenn es galt, seinen Sicherheitsbedenken Ausdruck zu geben.

Offenkundig macht sich Finnland nicht nur aufgrund seiner historischen Erfahrungen Sorgen über die Absichten Russlands. Angesichts virtueller und hybrider Kriegführung zum Beispiel gegen Länder, die an Russland und Belarus angrenzen, sowie des instrumentellen Einsatzes von Emigranten schätzt Helsinki die von Moskau ausgehende Gefahr ähnlich ein wie Tallinn, Riga, Vilnius oder Warschau. Doch seit dem Februar 2022 wirft die Geschichte, insbesondere der Krieg von 1939/40, wieder einen langen Schatten und wird zur Begründung der wichtigsten Entscheidung dieser Tage herangezogen, nämlich jener über den NATO-Beitritt Finnlands. Das finnische Parlament hat mit überwältigender Mehrheit für diesen Schritt gestimmt. Gleichzeitig wird an der Grenze zu Russland an strategisch wichtigen Punkten eine Art von Verteidigungswall errichtet. Diese Maßnahmen werden von Kritik an der bisherigen Politik der westeuropäischen Länder gegenüber Russland begleitet. Sanna Marin nahm kein Blatt vor den Mund: »Lange Zeit entwickelte Europa eine Strategie für den Umgang mit Russland, [die darin bestand], Energie von Russland zu kaufen und engere wirtschaftliche Beziehungen zu knüpfen, und wir glaubten, das werde den Krieg verhindern.« Marin war durchaus selbstkritisch: »Die europäischen Länder hätten auf Staaten wie Polen und die baltischen Länder hören sollen, die warnten, die Wirtschaftsbeziehungen seien Russland gleichgültig, die Sanktionen seien ihm gleichgültig, all das sei ihm gleichgültig« und werde es nicht daran hindern, die Ukraine anzugreifen.[72]

Auch die Haltung der finnischen Öffentlichkeit hat sich grundlegend geändert: Früher wollten die Finnen neutral sein, jetzt suchen sie Schutz vor einem aggressiven Russland. Die jüngsten Umfragen bestätigen den radikalen Meinungsumschwung. In den Parlamentsdebatten über die Aufgabe der militärischen Neutralität sprachen sich die Abgeordneten beinahe einhellig für einen Beitritt zur NATO aus. Wie die Balten, Polen oder Rumänen haben die finnischen Bürger seit dem Februar 2022 Angst vor Russland. »Ich bin im Gefühl der Sicherheit aufgewachsen«, sagt eine junge Kellnerin. »Ich ertappe mich dabei, dass mich die Angst überfällt.«[73] Die Meinungsumfragen zeigen, dass die Furcht in der Bevölkerung verbreitet ist. Im April 2023 bezeichneten 84 Prozent der befragten Finnen Russland als große militärische Bedrohung.

Die Geschichte ihres eigenen Landes erklärt viele Reaktionen der Finnen, darunter die Solidarität mit und

Sympathie für den ukrainischen Abwehrkampf. Nach Aussage von Arkady Moshes, einem Experten des Finnischen Instituts für Internationale Angelegenheiten, denken viele Finnen »unwillkürlich an Geschichten aus dem Winterkrieg, wenn sie sehen, wie die Ukrainer alleine gegen einen größeren, stärkeren Nachbarn kämpfen«. Die Finnen, so Moshes, »zeigen ihre Emotionen nicht sehr offen, aber die Geschehnisse in der Ukraine haben Gefühle geweckt, die scheinbar jahrzehntelang verschüttet waren«.[74] Bei einem Besuch in Helsinki nahm der ukrainische Präsident Wolodymyr Selenskyj ebenfalls Bezug auf den Winterkrieg, den er als »historischen Winterkampf für die Freiheit« bezeichnete.[75]

Traumatisiert in der realen und in der virtuellen Welt: Die baltischen Länder

Im Jahr 1938 lebte der lettische Außenminister Vilhems Munters in Angst. Die Grenzen in Europa änderten sich rasch. Die kleinen baltischen Länder suchten verzweifelt nach mächtigen Verbündeten, um ihre Souveränität gegen die Sowjetunion und das Dritte Reich verteidigen zu können. Doch wie sich herausstellte, wusste der hochrangige britische Diplomat, mit dem sich Munters traf, nicht einmal, wo die baltischen Länder lagen. Auf einer Europakarte suchte er sie in der Nähe von ... Portugal.[76] Munters Befürchtungen sollten sich bewahrheiten. In einem traurigen persönlichen Epilog zu dieser Geschichte wurde er im Jahr

1940 nach der Annexion Lettlands durch die Sowjetunion mit seiner Familie nach Woronesch deportiert. Vier Tage nach dem deutschen Überfall auf die Sowjetunion wurde er dort vom NKWD verhaftet. Er saß bis in die fünfziger Jahre in Russland im Gefängnis.

Ein Bild vom Überlebenskampf der baltischen Länder nach dem Ausbruch des Zweiten Weltkriegs kann man sich in der östlich der Hauptstadt Riga gelegenen Kleinstadt Cēsis machen, wo die »Ausstellung über den Widerstand gegen die Besatzung, 1939-1957« untergebracht ist. Die Ausstellung zeichnet nach, wie mit dem Einmarsch sowjetischer Truppen zu Beginn des Zweiten Weltkriegs eine erste Welle von Terror und Massendeportation begann. Nach 1941 wurde Lettland von den Deutschen besetzt, die die Bevölkerung ebenfalls brutal unterdrückten und die »Endlösung« vorantrieben, um die jüdische Bevölkerung auszulöschen. Nach Hitlers Niederlage folgte die nächste Welle sowjetischen Terrors, und in den folgenden Jahren wanderten zahlreiche Russen ins Baltikum ein.

Die beiden anderen baltischen Staaten machten ähnliche Erfahrungen, und Museen wie das in Cēsis gibt es auch in Estland und Litauen. Als die drei Länder im Jahr 1991 schließlich die Unabhängigkeit erlangten, blieben große russische Minderheiten auf ihrem Staatsgebiet zurück. Es überrascht nicht, dass Moskau heute bereitwillig die Interessen dieser Minderheiten verteidigt, was zur politischen und gesellschaftlichen Polarisierung im Baltikum beiträgt.

Die seinerzeitige Auslöschung ihrer Staaten ist den

Balten in traumatischer Erinnerung geblieben – und stellt eine Herausforderung für die Zukunft dar. Im Jahr 1991 lag für die Politiker in den baltischen Ländern auf der Hand, dass ihnen die Auflösung des Sowjetimperiums eine historische Chance eröffnete. Im Baltikum entstand rasch eine De-facto-Allianz der posttraumatischen Souveränität, und die wichtigste politische Mission dieser Länder bestand darin, Aufnahme in die Strukturen der westlichen Welt zu finden, um eine Wiederholung der Geschichte zu vermeiden. Die drei kleinen Länder legten sich die Latte noch höher, denn wie die traurige Geschichte von Außenminister Munters gezeigt hatte, war es unerlässlich, die Existenz des Baltikums im Bewusstsein der westlichen Gesellschaften zu verankern. Wie schwierig das war, zeigt sich an der Tatsache, dass zur Zeit des Neubeginns im Jahr 1991 im Westen kaum jemand etwas über das reichhaltige kulturelle Erbe der baltischen Länder, geschweige denn über ihre Geschichte und Sprachen wusste.

Um die wiedergewonnene Souveränität zu erhalten, waren die baltischen Gesellschaften bereit, alles zu tun, was notwendig war, um Aufnahme in die EU und die NATO zu finden, was ihnen im Jahr 2004 schließlich gelang. Alle drei Länder versuchten auch, die Beziehungen zum Westen zu festigen, indem sie den Euro einführten (Estland im Jahr 2011, Lettland im Jahr 2014, Litauen im Jahr 2015). Die baltischen Länder nutzten die günstigen geopolitischen Bedingungen, um sich in den europäischen Wirtschaftsraum einzugliedern, was eine weitere Garantie für ihr Überleben war.[77]

Mit der Entscheidung für Liberalismus und freie Marktwirtschaft nach dem Zusammenbruch des Kommunismus hofften sie, westliche Investoren anzulocken.

Es wäre ein Irrtum zu glauben, die wirtschaftliche Integration hätte nichts mit der Souveränität zu tun. Tatsächlich ging es um die Existenz, um die physische Überlebensfähigkeit dieser kleinen Länder. Russland hat trotz eines Bevölkerungsschwundes in den letzten Jahrzehnten immer noch 144 Millionen Einwohner. Das demographische Missverhältnis ist gewaltig: Als sich Estland im Jahr 2007 in einem unerwarteten Cyberkrieg gegen das riesige Russland verteidigen musste, hatte es lediglich 1,3 Millionen Einwohner. Die Bevölkerung Lettlands (1,9 Millionen Menschen) und Litauens (2,7 Millionen) ist nur geringfügig größer. Die Serie russischer Aggressionen weckte in den drei kleinen baltischen Ländern besonders große Angst, weil Wladimir Putin in seinen Reden vor dem Überfall auf die Ukraine wieder begann, Litauen, Lettland und Estland der russischen Einflusssphäre zuzurechnen.[78]

Insbesondere nach der Annexion der Krim 2014 versuchten die baltischen Länder, den Westen wachzurütteln. »Die Gefahr einer Invasion ist groß, wenn wir uns nicht auf die Verteidigung vorbereiten«, warnte die litauische Präsidentin Dalia Grybauskaitė im Jahr 2018 – und sie riet Europa, sich nicht übermäßig abhängig vom russischen Erdgas zu machen.[79] Doch konkrete Reaktionen blieben aus. Obendrein erklärten renommierte westliche Experten zur selben Zeit, es gebe »keine ernstzunehmenden Hinweise auf territoriale Ambitionen Russlands in der Region«.[80] Bundeskanzlerin Angela Merkel versprach bei einem Besuch in Riga im Jahr 2014 größere Solidarität der NATO mit den baltischen Ländern, lehnte jedoch einmal mehr die Forderung nach permanenten NATO-Stützpunkten in Lettland, Litauen und Estland ab. Die lettische Ministerpräsidentin Laimdota Straujuma antwortete diplomatisch, die Positionen der lettischen und deutschen Regierung in Bezug auf die NATO lägen nicht weit auseinander, und das Wichtigste sei, »ein Signal an Russland zu senden«, da »das Vertrauen zerstört« sei.[81]

Dass die Sorge der Balten um ihre Sicherheit begründet war, zeigte sich, als sich die drei Länder im Jahr 2008 auf die Seite Georgiens stellten und im Jahr 2014 die Ukraine unterstützten: Russland reagierte, indem es die Energiepreise gezielt in die Höhe trieb, den Luftraum der baltischen Staaten verletzte, offizielle Anschuldigungen erhob und inoffizielle Desinformation betrieb und offene militärische Drohgebärden mit verdeckten Geheimdienstoperationen unterfütterte.[82] Russland hat auch nicht davor zurückgeschreckt, die Souveränität kleiner Länder zu verletzen. Beispielsweise entführten russische Agenten im Jahr 2014 auf estnischem Staatsgebiet den Geheimagenten Eston Kohver, der später in Moskau in einem Schauprozess zu einer langen Haftstrafe verurteilt wurde.[83]

Schritt für Schritt wurden die wirtschaftlichen Verbindungen zu dem mächtigen Nachbarn gekappt. Insbesondere die Beziehungen im Energiesektor waren ein Problem. Estland und Lettland bezogen bis vor kurzem fast 100 Prozent ihres Erdgases aus Russland, und in Litauen war der Anteil des russischen Gases ebenfalls hoch.[84] Aber im Februar 2022 gelang es diesen drei Ländern, sich mit beeindruckender Geschwindigkeit von Energie- und Rohstofflieferungen aus Russland unabhängig zu machen. Das inoffizielle Bündnis der posttraumatischen Souveränität hat auch eine Erweiterung der Kommunikations- und Energieversorgungsnetze ermöglicht. Die drei Länder haben Wege für die Zusammenarbeit in der Beschaffung strategischer Rohstoffe gefunden: Beispielsweise wird Flüssiggas nach Klaipėda in Litauen geliefert, und in Lettland werden große Vorräte gespeichert. In Estland macht die Entwicklung neuer Energieträger rasche Fortschritte. Die baltischen Staaten streben auch den Anschluss an das europäische Eisenbahnnetz an.[85] Mit Blick auf den Krieg lohnt es sich darauf hinzuweisen, dass die Anlagen und Züge von Rail Baltica, das ein grundlegender Bestandteil des Netzes ist, für die Beförderung von NATO-Militärausrüstung angepasst werden.

Doch die vor dem Kriegsausbruch im Februar 2022 geringe Truppenstärke der NATO-Einheiten in der Region dämpfte die Zuversicht. Stattdessen wurden Fragen danach laut, welche Art von Beistand das nordatlantische Bündnis den Balten im Fall eines tatsächlichen russischen Angriffs leisten könne. Es überrascht nicht, dass die baltischen Länder seit langem auf ein klares Bekenntnis der Vereinigten Staaten zur Verteidigung ihrer Souveränität drängen. Tatsächlich ist es ein großer Erfolg für diese kleinen Länder, dass amerikanische Regierungsvertreter seit Beginn des offenen Kriegs in der Ukraine wiederholt entsprechende Erklärungen abgegeben haben.

Belarus oder: Wie man die Souveränität verliert

Hat die NATO-Osterweiterung die russische Aggression provoziert? Einige politische Beobachter haben die Frage aufgeworfen, ob der Westen eine Mitverantwortung für den Krieg in der Ukraine trägt. Während in der Auseinandersetzung mit dem geopolitischen Problem die erste Frage oft gestellt wird, akzeptieren die unmittelbaren Nachbarn Russlands die in der Frage enthaltene Unterstellung generell nicht. Seit der Großinvasion in die Ukraine protestieren sie sogar gegen diese Sichtweise. Man kann durchaus sagen, dass die Frage bei ihnen für Irritation sorgt, scheint sie doch auf der unausgesprochenen Annahme zu beruhen, die russische Einflusssphäre in Ostmitteleuropa existiere noch immer, was bedeuten würde, dass die kleinen und mittelgroßen Länder in der Region kein Recht hätten, in wichtigen internationalen Fragen ihre eigenen politischen Entscheidungen zu fällen. Im Namen des »geopolitischen Realismus« würden sie insbesondere das Recht einbüßen, selbst darüber zu entscheiden, ob sie Bündnissen wie der NATO beitreten wollen.

Ungeachtet der Meinungsverschiedenheiten zwischen westlichen Politikern und Historikern über die NATO-Osterweiterung scheint eines gewiss: Die mittel- und osteuropäischen Länder müssen die Frage, was aus ihrer Souveränität geworden wäre, wenn sie sich nach 1989 nicht um Aufnahme in die EU oder die NATO bemüht hätten, selbst beantworten. Die Antwort finden wir in der Geschichte eines Landes, das zur selben Region gehört: Belarus.

Im Dezember 1991 erlangte die ehemalige Sowjetrepublik infolge des Zerfalls der UdSSR die Unabhängigkeit. Das Dokument, das schließlich die Auflösung des Sowjetimperiums besiegelte, wurde ausgerechnet in Belarus unterzeichnet, in einem Luxusjagdressort im Nationalpark Belaweschskaja Puschtscha. Die Verhandlungen über die Vereinbarung führten Boris Jelzin (Russland), Leonid Krawtschuk (Ukraine) und Stanislaw Schuschkewitsch, der später der erste Präsident von Belarus werden sollte.

Belarus, ein Land mit fast 10 Millionen Einwohnern, das eine gemeinsame Grenze mit Polen, Litauen, Lettland, der Ukraine und Russland hat, schlug einen anderen Weg ein als seine ostmitteleuropäischen Nachbarstaaten. Anstatt die Strukturen und Werte des Westens zu übernehmen, entschied sich Belarus, weiterhin enge Beziehungen zu Russland zu pflegen, dabei jedoch seinen Status als unabhängiger Staat zu wahren.[86] Mittlerweile steht fest, dass dieses Vorhaben im Wesentlichen gescheitert ist.

Nach dem Ende der Amtszeit von Präsident Schuschkewitsch setzte sich bei der ersten Präsidentenwahl im Jahr 1994 Alexander Lukaschenko durch, der seinen Wählern eine »Rückkehr zur Sowjetunion« versprochen hatte. In gewissem Sinn hielt er Wort. In den folgenden Jahren zerschlug er die junge belarussische Demokratie und stärkte die Bindung an Russland, anstatt sich um Annäherung an die EU oder die Aufnahme in die NATO zu bemühen. Im Jahr 1997 unterzeichneten Lukaschenko und Jelzin den Vertrag über die Russisch-Belarussische Union (Unionsstaat), in dem sich die beiden Länder verpflichteten, die Beziehung zueinander zu vertiefen und eine gemeinsame Wirtschafts- und Verteidigungspolitik zu betreiben. Theoretisch bewahrte Belarus seine Unabhängigkeit, aber in der Praxis verlor es sie und ordnete sich zunehmend der Russischen Föderation unter. Bald hatte sich Belarus mit einer harten Unterdrückung der politischen Opposition den Ruf verdient, die »letzte echte Diktatur im Herzen Europas« zu sein (den Ausdruck prägte die frühere US-Außenministerin Condoleezza Rice). Der belarussische Präsident betrachtete das als Kompliment. »Ich bin der letzte und einzige Diktator in Europa«, sagte er, »und tatsächlich gibt es auf der ganzen Welt keinen anderen mehr.«[87]

Wie dem auch sei, Alexander Lukaschenko hat versucht, die Unabhängigkeit seines Landes von Russland so lange wie möglich zu erhalten. Die Weigerung des belarussischen Präsidenten, die Annexion der Krim durch Russland anzuerkennen, wird möglicherweise Symbolwert erlangen. Es liegt auf der Hand, dass Moskau in dieser Frage beträchtlichen Druck auf Minsk ausübte. Doch Lukaschenko schwieg mehr als sieben Jahre lang zur Verschiebung der Grenzen in Osteuropa.[88] Das änderte sich im Jahr 2020. Lukaschenko verlor zusehends seinen Rückhalt in der Bevölkerung und manipulierte die Präsidentenwahl. Die folgenden Massenproteste hätten ihn beinahe die Macht gekostet.[89] Schließlich gelang es ihm, die Opposition mit brutaler Repression zum Schweigen zu bringen. Mit Blick auf die Unabhängigkeit von Belarus war entscheidend, dass sich Lukaschenko ohne finanzielle und militärische Unterstützung aus Moskau nicht an der Macht hätte halten können.

Schon zuvor hatte Russland versucht, Teile der belarussischen Unabhängigkeit »aufzuzehren«. Auf Drängen Moskaus fanden regelmäßig Treffen statt, in denen über die Vertiefung der »staatlichen Integration« verhandelt wurde. In den Jahren vor dem großen Krieg gegen die Ukraine versuchte Wladimir Putin, die Souveränität von Belarus zu beschneiden, und sei es auch nur in der Energiepolitik.

Alexander Lukaschenko ist sich der Bedrohung durch Russland bewusst. Der belarussische Machthaber fürchtet sich vor dem völligen Verlust der Unabhängigkeit seines Landes. Vor dem Hintergrund der Erdgaskrise im Jahr 2018 sagte er: »Wir stehen an der Front. Wenn wir diese Jahre nicht überleben und zusammenbrechen, müssen wir Teil eines anderen Staates werden, oder sie werden sich einfach die Füße an uns abwischen.«[90] Bei mehreren Gelegenheiten hat er zwischen dem Westen und Russland laviert. Beispielsweise zog er im Jahr 2019 »Putins Zorn auf sich, als sein Verteidigungsministerium Gespräche mit der NATO über eine mögliche Teilnahme an der Ausbildung von Friedenstruppen aufnahm«.[91] Lukaschenko versuchte, einen Prozess zu bremsen, der ihn schließlich die Macht kosten und das Land seiner Unabhängigkeit berauben würde.[92]

Der Wahlbetrug im Jahr 2020 und die Schwächung Lukaschenkos ebneten den Weg für eine weitere Einschränkung der Souveränität des Landes einschließlich seiner militärischen Eigenständigkeit. Im Februar 2022 verwandelte sich Belarus de facto in eine Operationsbasis der russischen Invasionsarmee. Es ist nicht auszuschließen, dass es in der nahen Zukunft vollkommen von Russland absorbiert wird. Für die Gesellschaften der an Belarus grenzenden ostmitteleuropäischen Länder ist die graduelle Erosion der staatlichen Souveränität von Belarus in den vergangenen 30 Jahren ein eigentümliches Memento mori. An der Wende vom 20. zum 21. Jahrhundert wurde aus Sicht Kiews, Warschaus, Vilnius' und Rigas daher die Erweiterung von NATO und EU die wichtigste Garantie für die Wahrung ihrer staatlichen Souveränität. Allmählich wird klar, welche Folgen die fortschreitende »Aufzehrung« der Souveränität der mittel- und osteuropäischen Staaten für Europa als Ganzes haben wird. Im Mai 2023 hörten die EU-Bürger mit Schaudern die Nachricht, dass Russland die Stationierung taktischer Atomwaffen in Belarus vorantrieb.[93] Da diese Raketen offenkundig auf Mitgliedstaaten von NATO und EU oder auf Länder gerichtet waren, die sich diesen Strukturen anschließen wollten, bewies die Entwicklung von Belarus einmal mehr, dass es keinen »dritten Weg« zwischen Russland und dem Westen gibt.

Das wandernde ukrainische Trauma: München 2.0

Nur ein einziges Land in Ostmitteleuropa hat einen vollkommen anderen Weg als Belarus beschritten und trotzdem den höchsten Preis für sein Streben nach Souveränität bezahlt. Gemeint ist natürlich die Ukraine. Im Jahr 1991 war nicht klar, in welche Richtung das innerlich gespaltene Land schließlich gehen würde. Die östlichen Provinzen neigten Russland zu, der westliche Landesteil der Europäischen Union. In den letzten Jahren wurden zahlreiche Studien zur neueren Geschichte der Ukraine veröffentlicht. An dieser Stelle wollen wir lediglich kurz daran erinnern, dass zahlreiche ungeschickte Versuche Moskaus, sich in die inneren Angelegenheiten des Nachbarlandes einzumischen, die Ukrainer lediglich in ihrem Entschluss bestärkten, sich nach Westen zu orientieren. Im Winter 2013/14 weckte die blutige Eskalation der Proteste auf dem Maidan bei vielen Ukrainern und Ukrainerinnen einmal mehr die Überzeugung, dass nur eine Annäherung an den Westen eine Wiederholung der tragischsten historischen Erfahrungen ihrer Nation verhindern konnte.

Doch zu jenem Zeitpunkt mussten sich die Bürger bereits seit einem Vierteljahrhundert mit der traumatischen Vergangenheit ihres Landes auseinandersetzen. Tatsächlich war die Geschichte der Ukraine im 20. Jahrhundert außergewöhnlich grausam. Im Ersten Weltkrieg versuchten die Ukrainer vergeblich, einen eigenen Staat zu errichten. Nach der Aufteilung der Ukraine zwischen Polen und der Sowjetmacht im Jahr 1921 kam es gut zehn Jahre später zu der von Stalin angeordneten Zwangskollektivierung der Landwirtschaft, die eine Hungersnot auslöste. Im sowjetischen Teil des Landes fielen Millionen Menschen dem Holodomor zum Opfer, dem »Großen Hunger«. Im Zweiten Weltkrieg war das Gebiet, das heute das Territorium der Ukraine bildet, Schauplatz einiger der blutigsten Auseinandersetzungen. Der Bevölkerung der Ukraine ist nur allzu bewusst, welche Folgen es für sie zeitigen wird, keinen eigenen unabhängigen Staat zu haben. Putins Russland stellt seit Jahren die Souveränität des ukrainischen Staats in Frage.

Das Trauma der Völker der Region ist dasselbe, aber es hat zwei Gesichter. Die Furcht vor dem Osten geht mit der Sorge einher, von den westlichen Ländern im Stich gelassen zu werden.

Hier war ein weiteres Ereignis bedeutsam für Kiew und die gesamte Region: Am 5. Dezember 1994 wurde das Budapester Memorandum unterzeichnet. Bis zu diesem Tag war die Ukraine nach Russland und den Vereinigten Staaten die drittgrößte Atommacht der Welt. In dem Memorandum verpflichteten sich die Vertragsstaaten, das heißt die Russische Föderation, die Vereinigten Staaten und Großbritannien, der Ukraine im Gegenzug für die Aufgabe ihrer Atomwaffen die Unverletzlichkeit ihrer Grenzen zu garantieren.[94] Seit 2014 ist diese Vereinbarung in der Ukraine eine Quelle neuen Grolls. Andrij Sahorodnjuk, ein ehemaliger ukrainischer Verteidigungsminister, kommentierte die Entwicklungen bitter: »Wir gaben die Schlagfähigkeit auf und erhielten als Gegenleistung nichts. […] Jetzt lautet unsere Antwort jedes Mal, wenn uns jemand anbietet, ein Stück Papier zu unterzeichnen: ›Nein, vielen Dank. So eins haben wir schon einmal unterschrieben.‹«[95]

Seit der Krim-Annexion und dem Beginn des Krieges im Donbas, insbesondere aber nach der Großinvasion von 2022 ist Kiew bemüht, die Aufmerksamkeit der westlichen Länder auf diese Vorgänge zu lenken. Erwähnenswert ist insbesondere der wiederholte Hinweis auf die historischen Traumata anderer Länder in der Region. In seiner Rede auf der Münchner Sicherheitskonferenz am 19. Februar 2022 nahm Wolodymyr Selenskyj auf die historischen Beispiele der Tschechoslowakei (1938) und Polens (1939) Bezug, um in beißendem Ton an das Gewissen der westlichen Politiker zu appellieren: »Wozu führen Appeasement-Bemühungen? Wie wurde aus der Frage ›Warum für Danzig sterben?‹ die Notwendigkeit, für Dünkirchen und Dutzende andere Städte in Europa und der Welt zu sterben und Dutzende Millionen Menschenleben zu opfern?«[96] Der ukrainische Präsident warb auch dafür, aus den Fehlern früherer Generationen zu lernen, und fragte: »Wie hat es dazu kommen können, dass im 21. Jahrhundert in Europa ein Krieg geführt wird und Menschen sterben? Warum dauert dieser Krieg mittlerweile länger als der Zweite Weltkrieg? Wie sind wir in die schwerste Sicherheitskrise seit dem Kalten Krieg geraten?«

So wie viele seiner Amtskollegen in der Region sieht

der ukrainische Präsident Parallelen zwischen den Ereignissen des Jahres 1938 und der Unfähigkeit der Staatengemeinschaft, gegenwärtige internationale Vereinbarungen durchzusetzen. In seinen Augen ist der Zusammenhang zwischen Vergangenheit und Gegenwart offenkundig: »Das im Budapester Memorandum von 1994 festgeschriebene Versprechen, die Souveränität der Ukraine zu schützen, war anscheinend wertlos.« Wenige Tage vor dem Überfall auf sein Land prangerte Selenskyj in München »die gegenwärtige Appeasement-Politik« an. Diese Rede des ukrainischen Präsidenten, eine von vielen, dürfte das wichtigste jüngere Beispiel für die praktischen Auswirkungen der posttraumatischen Souveränität auf die Politik der Gegenwart sein. Der Präsident betrachtete die aktuellen Ereignisse durch die Linse der traumatischen Vergangenheit der Region. Er zeigte, dass dieses Trauma Ostmitteleuropa eint, zugleich jedoch von einem Land zum anderen wandert. Die Analogie wirkte angebracht, da der deutsche Bundeskanzler Olaf Scholz zu jenem Zeitpunkt noch das Selbstbestimmungsrecht der Völker verteidigte, sich gleichzeitig jedoch für eine neutrale Ukraine aussprach. Nach Meinung der deutschen Regierung sollte auf diese Art Wladimir Putins Politik positiv beeinflusst werden. Kiew hielt diese Haltung für Selbstbetrug.

Die Ostmitteleuropäer verstehen die Sprache der posttraumatischen Souveränität gut. Es überrascht nicht, dass sich Politiker aus den baltischen Staaten, darunter der ehemalige estnische Präsident, für die Ukraine eingesetzt haben. Im Geist der Solidarität appellierte Kersti

Kaljulaid an die westlichen Verbündeten: »Sind Sie persönlich bereit, eine Notfalleinladung an die Ukraine auszusprechen, um die Diskussionen über ihren Beitritt zur EU zu beschleunigen? Das würde der EU in diesen schwierigen Zeiten eine einzigartige Chance eröffnen, sich einen Vorteil zu verschaffen. Gegenwärtig ist die EU sehr geeint, aber sie reagiert nur.«[97] In der Region herrscht die Einschätzung vor, dass Westeuropa Russland nicht versteht und nicht weiß, wie es mit diesem Land umgehen soll.

Die alltägliche Furcht in Moldau

Im Mai 2023 geschah etwas Erstaunliches. 46 europäische Staatschefs versammelten sich in einem Land, über das die meisten Europäer nur sehr wenig wissen. Der Schauplatz des europäischen Gipfeltreffens war das nur 19 Kilometer von der ukrainischen Grenze entfernte Schloss Mimi in Moldau. Die Veranstaltung war nicht nur für Kiew wichtig. In Anbetracht der Tatsache, dass Moldau noch ein Jahr früher nicht einmal in den Auswertungen von Länderdaten in renommierten Zeitschriften aufgetaucht war,[98] wurde der Gipfel auch ein großer Erfolg für das Gastgeberland.[99] Politiker aus vielen europäischen Ländern zeigten ungeachtet ihrer oft tiefen politischen Differenzen auf Schloss Mimi Geschlossenheit und sprachen sich für eine Politik des Dialogs aus. Aber für die Mittel- und Osteuropäer war es mehr als das: In Kriegszeiten bestätigte das Treffen in ihren

Augen endgültig das Scheitern der Politik des »Dritten Wegs« zwischen dem Westen und Russland.

In den Jahren, die dem offenen Krieg in der Ukraine vorausgegangen waren, hatte sich deutlich gezeigt, dass sich jene Nachbarländer Russlands, die wie die Ukraine und Moldau nicht der EU und der NATO angehörten oder wie Finnland noch kein NATO-Mitglied waren, für eine Seite entscheiden mussten: für den Westen oder für Russland. Sie beantworteten diese Frage rasch und sahen sich durch den frühen Morgen des 24. Februar 2022 in ihrer Entscheidung bestätigt: Sie wollten aus dem Graubereich entkommen und sich möglichst weit vom Osten distanzieren.

Die Sehnsucht nach einem besseren Leben in Moldau, das zu den ärmsten Ländern Europas zählt, ist untrennbar mit der Furcht vor dem Verlust der Souveränität verknüpft. Im Mai 2022 warnten amerikanische Geheimdienste öffentlich, die russische Aggression könne auch auf das Territorium Moldaus mit seinen 3 Millionen Einwohnern übergreifen. Seit dem Kriegsausbruch in der Ukraine ist Moldau aufgrund einer mangelnden internationalen Vernetzung offenkundig in Gefahr. Eben weil dieses Land weder der NATO noch der EU angehört, sind Zweifel an seiner Unabhängigkeit von Russland laut geworden. Im Mai 2023 nahmen rund 75 000 Menschen in der Hauptstadt Chişinău an einer Kundgebung für die Integration Moldaus in die europäischen Strukturen teil.

Welche Form die Furcht Moldaus annimmt, sieht man sehr gut an der Geschichte der Republik Transnistrien, die auf einem schmalen Streifen Land an der Grenze zur Ukraine liegt. Transnistrien mit seiner Hauptstadt Tiraspol ist formal eine autonome Region Moldaus, aber mit aktiver Unterstützung Russlands wurde ein Teil seines Territoriums der Kontrolle der Regierung in Chişinău entzogen. Als sich Moldau zur Zeit des Zerfalls des Ostblocks für die Unabhängigkeit entschied, bekundeten Vertreter dieses schmalen, rund 200 Kilometer langen Landstrichs ihre Absicht, in der Sowjetunion zu verbleiben. Der Quasistaat Transnistrien wird von der übrigen Welt nicht anerkannt. Doch dank der politischen, wirtschaftlichen und militärischen Verbindungen ist es vorteilhaft für Putins Russland, dieses Gebilde am Leben zu erhalten: Transnistrien destabilisiert die internationale Lage in der Region und erschwert die Annäherung Moldaus an den Westen. Beispielsweise wird die in der EU übliche Praxis, zwei Flaggen zu zeigen – die des Mitgliedstaats und die der EU – auf subversive Art kopiert: Öffentliche Einrichtungen in Transnistrien hissen neben der Flagge der »Transnistrischen Moldawischen Republik« auch die russische. Die politische Identität des Quasistaats zeigt sich auch daran, dass es dort an öffentlichen Plätzen von Symbolen aus sowjetischer Zeit wimmelt.

Maia Sandu, die im Jahr 2020 gewählte proeuropäische Präsidentin Moldaus, die unter anderem an der Universität Harvard studierte, hat seit dem offenen russischen Angriff auf die Ukraine mehr oder weniger deutliche Warnungen vor einem geplanten Putsch gegen die legitime Regierung ihres Landes ausgesprochen.

Der Leiter des moldauischen Nachrichtendienstes SIS, Alexandru Musteata, erklärte im Dezember 2022, die russischen Streitkräfte planten »für die ersten Monate des Jahres 2023 einen Angriff auf Moldau«.[100] Musteata lenkte die Aufmerksamkeit auf die Bestrebungen Russlands, einen »Landkorridor« zu öffnen, der durch ukrainisches Territorium nach Transnistrien führen sollte – dort sind bis an die Zähne bewaffnete russische Truppen stationiert.

Der Ausdruck »Landkorridor« klingt in den Ohren der Mittel- und Osteuropäer bedrohlich und erinnert sie an einen anderen hypothetischen »Landkorridor« in der Region, der nach dem Willen Moskaus durch litauisches oder polnisches Gebiet von Belarus nach Kaliningrad führen soll. Wie wir kurz erklärt haben, zeigen die Länder der Region mit gutem Grund Solidarität nicht nur mit der Ukraine, sondern auch – was manchmal übersehen wird – mit Moldau und seinem Wunsch, seine Souveränität zu bewahren.[101] Der Ausbruch des Krieges im Februar 2022 zeigte deutlich die strategische Bedeutung der Unabhängigkeit eines kleinen Landes. So wie bei anderen Staaten ist auch im Fall Moldaus das nationale Selbstbestimmungsrecht ein geopolitisches Problem für Moskau. Die Bürger Moldaus erleben dies spiegelverkehrt als Souveränität, die einer unablässigen äußeren Bedrohung ausgesetzt ist.

Rumänien – Polen: Zu groß und doch zu klein

Im Mai 2016 warnte Wladimir Putin Rumänien mit seinen 19 Millionen Einwohnern und Polen mit seiner Bevölkerung von 38 Millionen Menschen, sie könnten »ins Visier russischer Raketen geraten, weil sie Elemente eines amerikanischen Raketenschutzschilds beherbergen, den Moskau als Bedrohung für seine Sicherheit betrachtet«.[102] Weder die heitere Musik der Militärkapellen auf dem rumänischen Luftwaffenstützpunkt Deveselu noch die Beschwichtigungsversuche amerikanischer Politiker (»Der Schutzschild würde nicht gegen eine zukünftige Bedrohung durch russische Raketen eingesetzt«) konnten die scharfe Kritik aus dem Kreml abmildern. Dennoch haben die beiden größten Länder an der sogenannten NATO-Ostflanke, Rumänien und Polen, das Risiko auf sich genommen, sich aktiv am Aufbau des amerikanischen Raketenschutzschilds zu beteiligen. Warum?

Die Beziehung Polens und Rumäniens zu Russland ist ausgesprochen komplex, aber beide Länder hegen tiefes Misstrauen gegenüber dem Kreml. Dieses Misstrauen und die mit der posttraumatischen Souveränität verbundene Angst traten nach dem 24. Februar 2022 deutlich zutage. »Die Menschen in Rumänien sind seit dem Zweiten Weltkrieg nicht mehr so verängstigt gewesen. Viele fragen sich, was sie tun würden, sollte Russland Rumänien angreifen«, schrieb ein Journalist am Jahrestag der Invasion.[103] Auch in Polen reagierte die Bevölkerung entsetzt. In einer nach dem russischen Einmarsch in die Ukraine durchgeführten Umfrage äußerten 84 Prozent der befragten Polen die Befürchtung, der Krieg könne auf Polen übergreifen. »Ich denke jeden Tag darüber nach«, erklärte ein Mann, der an der polnisch-russischen Grenze lebt, im Gespräch mit dem *Guardian*. »Sie könnten jeden Moment kommen und uns in unseren Betten töten.«[104]

Zwischen Polen und Rumänien besteht eine große geographische und politische Distanz. Gemeinsam ist ihnen, dass sie im Lauf ihrer Geschichte aufgrund der Größe ihres Territoriums und ihrer Bevölkerung eine wichtigere Rolle auf internationaler Ebene anstrebten. Neben dem Trauma des Souveränitätsverlusts haben beide auch das Trauma der Beschneidung ihrer geopolitischen Ambitionen erlitten. Mit Blick auf die lokale Politik sowie die regionalen und globalen Bündnisse haben sie daraus Konsequenzen gezogen.

Erstens entschieden sich Polen und Rumänien vor langer Zeit für relativ hohe Rüstungsausgaben. Schon vor dem Februar 2022 investierten sie viel in ihre Verteidigung. Zu einem Zeitpunkt gab Rumänien eigenen Angaben zufolge 2,5 Prozent seines Bruttoinlandsprodukts für das Militär aus, und der Verteidigungshaushalt Polens entsprach 3 Prozent des BIP. Und wie sich herausstellte, war dies nur der Anfang. Die wachsende Furcht vor Russland hat zu einem weiteren Anstieg der Verteidigungsausgaben geführt. Vor kurzem hat Polen bekanntgegeben, es wolle 4 Prozent seines BIP für seine Streitkräfte aufwenden. »Kein europäisches Land [...]

fühlt sich mehr bedroht durch Putin«, kommentierte *The Economist*.[105] Die Bedrohung war jedoch stets groß: »Ende des Jahres 2020 erklärten 30 Prozent der befragten Rumänen in einer Umfrage, Russland sei eine direkte Bedrohung für ihr Land – dies ist einer der höchsten Werte in Osteuropa.«[106]

Zweitens werden Putins Warnungen in beiden Ländern sehr ernst genommen. Daher haben sie sich vorbehaltlos für ein Bündnis mit den Vereinigten Staaten entschieden. In Rumänien gibt die politische Instabilität in Moldau und Transnistrien, die bis zum Zweiten Weltkrieg zum Territorium Rumäniens gehörten, Anlass zu Besorgnis. Polen seinerseits grenzt an die russische Exklave Kaliningrad. Den Rumänen machte die Annexion der Krim im Jahr 2014 bewusst, dass von Russland eine unmittelbare Bedrohung ausging, denn nun grenzte das rumänische Hoheitsgewässer de facto an das russische. Die Angst, ihre staatliche Souveränität an ein aggressives Russland zu verlieren, trieb beide Länder in die Arme der Vereinigten Staaten.

Dass hier nicht vom Westen insgesamt, sondern von den Vereinigten Staaten die Rede ist, liegt in der posttraumatischen Souveränität begründet. Wie in anderen Fällen weckt die Erinnerung an die Erfahrungen im Zweiten Weltkrieg nicht nur die Furcht vor Russland, sondern kann auch das Misstrauen gegenüber den großen westeuropäischen Ländern schüren. Die enge Zusammenarbeit zwischen Russland und Deutschland wurde in Warschau und Bukarest seit langem mit Besorgnis beobachtet. Einmal mehr wurde die Gegenwart durch die Brille der Vergangenheit betrachtet. Beispielsweise hatte der polnische Außenminister Radoslaw Sikorski bereits im Jahr 2011 harsche Kritik am Vorhaben einer neuen Gaspipeline in der Ostsee geübt. Die Unterwasserpipeline Nord Stream I verband Russland bereits unter Umgehung Polens, der Ukraine und der baltischen Staaten direkt mit Deutschland, und der Plan zum Bau einer weiteren Pipeline (Nord Stream II) weckte die Geister der Vergangenheit. Sikorski ging so weit, die Vereinbarung über Nord Stream mit dem Hitler-Stalin-Pakt von 1939 zu vergleichen.[107] Später warnte ein Mitglied der PiS-Regierung, die russische Gaspipeline sei eine Bedrohung für die Einheit Europas.[108] Da Deutschland jahrelang nicht bereit war, Nord Stream aufzugeben, mussten Polen und andere Länder in Ostmitteleuropa mit ansehen, wie der Bau von Nord Stream II über ihre Köpfe hinweg vorangetrieben wurde.[109]

Drittens werden die Vereinigten Staaten als wichtigster Verbündeter betrachtet. Daraus folgt, dass Polen und Rumänien vorbehaltlos zur NATO stehen und sich als Mitglieder des Bündnisses um die Stationierung von NATO-Truppen auf ihrem Staatsgebiet bemüht haben. Die Annexion der Krim im Jahr 2014 zeigte, wie wichtig eine westliche Militärpräsenz mit Blick auf die Verteidigung der Schwarzmeerregion, der NATO-Ostflanke und des gesamten euroatlantischen Raums war. Der rumänische Ministerpräsident Nicolae Ciuca erklärte: »Wir befinden uns im Brennpunkt der Sicherheits- und Verteidigungsaspekte dieser Krise, aber auch ihrer tragischen humanitären Dimension.«[110]

Schließlich mussten Polen und Rumänien ihre Rolle in der Region überdenken. Beide Länder hatten frühere territoriale Ansprüche im Osten aufgeben müssen. Polen hatte nach 1989 auf die Wiederherstellung seiner Grenzen vor 1945 verzichtet. Dies geschah mit Blick auf die sogenannte ULB-Doktrin, die Jerzy Giedroyc entwickelt hatte, ein emigrierter Intellektueller und Herausgeber der Exilzeitschrift *Kultura* in Paris. Giedroyc behauptete lange vor dem Zusammenbruch des Kommunismus, ein freies und unabhängiges Polen könne es nur geben, wenn auch die Ukraine, Litauen und Belarus frei und unabhängig seien (das Akronym ULB besteht aus den Initialen der drei Ländernamen). Nach 1989 übernahmen die polnischen Regierungen der Reihe nach diese Doktrin als eine der wichtigsten Garantien für ihre eigene geopolitische Sicherheit. Im Fall Rumäniens ist die Lage möglicherweise komplexer, wie eine Aussage des Verteidigungsministers Vasile Dincu zeigt. Auf die Frage nach der Haltung Rumäniens gegenüber Moldau erklärte Dincu: »Die Republik Moldau ist Teil von Rumänien, aber dies ist nicht der Zeitpunkt für Revisionismus oder für Diskussionen über Grenzen.«[111]

Um die Eigenständigkeit der Region zu stärken und ihre Sicherheit zu erhöhen, hat Polen auch verschiedene regionale Initiativen vorangetrieben, von der polnisch-ukrainischen Kooperation bei der Fußball-EM 2012 bis zu Wirtschafts-, Kommunikations- und anderen Initiativen. Ein weiteres Beispiel dafür ist die Drei-Meere-Initiative (Three Seas Initiative, 3SI oder TSI), ein Forum von zwölf EU-Staaten entlang einer Nord-Süd-Achse, die durch Ostmitteleuropa von der Ostsee bis zur Adria und zum Schwarzen Meer verläuft. Diese Initiativen treten gegenüber der Mitgliedschaft in EU und NATO in den Hintergrund, aber sie belegen, dass es innerhalb dieser Strukturen eine eigene Denkweise in dieser Region gibt.

In Zeiten der Bedrohung durch mächtige Nachbarstaaten suchen die größten Länder der Region nach Wegen, gemeinsame Interessen auszuloten. Es werden Treffen zwischen Politikern organisiert, die gestützt auf die historische Erfahrung die Überzeugung der Beteiligten festigen sollen, dass diese Länder »einander besser verstehen«. Das wird umso wichtiger, als die Furcht wiedererwacht, es könnten über ihre Köpfe hinweg Vereinbarungen geschlossen werden. Diesmal könnte die Einigung für sie eine aus ihrer Sicht nachteilige – von oben auferlegte – Friedensregelung für die Ukraine auf Kosten ihres Selbstbestimmungsrechts sein.[112] Da sowohl Polen als auch Rumänien an die Ukraine grenzen, haben beide Länder seit der russischen Invasion hunderttausenden Flüchtlingen Zuflucht und humanitäre Hilfe gewährt.[113] Und im Juni 2023 lieferten Polen und Rumänien der Ukraine nach der Notabschaltung eines ihrer Atomkraftwerke zusätzlichen Strom.[114]

Schließlich ist noch ein weiterer Punkt erwähnenswert. Außenstehenden Beobachtern ist oft nicht bewusst, dass uns vergangene Traumata auch an Gesten der Solidarität zwischen kleinen und mittelgroßen Ländern erinnern. In Polen ist eine solche Geste seitens Rumäniens im September 1939 in Erinnerung geblieben. Angesichts des Angriffs Nazideutschlands und der Sowjetunion auf Polen öffnete Rumänien seine Grenzen für tausende Polen einschließlich hochrangiger Regierungsvertreter. Es wird mit gutem Grund viel über die tragischen Geschehnisse in der Region geschrieben, aber die Momente der Großherzigkeit sind ebenfalls erwähnenswert, zeigen sie doch, dass Solidarität und Mitgefühl mit Flüchtlingen dort ebenfalls eine lange Geschichte haben. Aber auch das Nachempfinden des Leids und das Verständnis traumatischer Erfahrungen in der Politik haben eine lange Geschichte.

Kapitel 3
Der Weg aus dem Leid (und zurück?)

In den ersten Märztagen des Jahres 2022 schallte aus dem mittelalterlichen Turm der wichtigsten Kirche Krakaus, der Marienbasilika, die ukrainische Nationalhymne. Der Mariacki-Warnruf (*Hejnał Mariacki*), ein traditionelles Signal, das stündlich von einem Trompeter gegeben wird, wurde angesichts der außergewöhnlichen Situation durch diese Solidaritätsbekundung ersetzt. Im Zentrum von Warschau leuchtete die mittlerweile berühmte Antwort der ukrainischen Verteidiger der Schlangeninsel auf die Aufforderung der russischen Kriegsmarine zur Kapitulation in kyrillischer Schrift auf einer riesigen Anzeigetafel auf: »Fickt euch.« Zu jener Zeit waren nach Angabe der Vereinten Nationen 1,7 Millionen Menschen aus der Ukraine in die Nachbarländer geflüchtet,[115] und zwei Drittel von ihnen strömten über die polnische Grenze. Die Zahl der Zufluchtsuchenden stieg von Tag zu Tag dramatisch an, und die Polen, die für ihre ablehnende Haltung gegenüber Flüchtlingen aus Syrien und Afghanistan bekannt waren, begrüßten zur Überraschung vieler die Menschen aus dem Nachbarland mit offenen Armen. Die Behörden öffneten augenblicklich die Grenze und ließen alle Hilfsbedürftigen ins Land, egal ob sie sich ausweisen konnten oder nicht. »Sie müssen mir Ihren Pass nicht zeigen«, sagte ein Schaffner an einem Bahnhof. »Ich schaue in die Augen, nicht in die Dokumente.« Hilfsorganisationen, NRO, Regierungsvertreter und Bürger schienen sich in den Dienst derselben humanitären Sache zu stellen. Die ukrainische Schriftstellerin Anastasia Lapatina schrieb, sie habe erwartet, beim Überqueren der polnischen Grenze »eine menschliche Katastrophe« vorzufinden. Stattdessen begegnete sie so wie hunderttausende ihrer Landsleute »dem Besten der Menschheit«.[116] Angesichts der turbulenten Ereignisse breitete sich ein Gefühl der Angst aus, das nicht nur von den ukrainischen Flüchtlingen geteilt wurde, die ihr eigenes Leben und das ihrer Kinder retten wollten. Entlang der Strecke ihrer langen, bizarren Pilgerfahrt ergriff die Angst auch von den Einwohnern der Länder Besitz, die sie durchquerten. Doch diese Angst war nicht dieselbe, wie sich bald herausstellte. Während sich die Westeuropäer vor dem Krieg an sich fürchteten, der einmal mehr in der Landschaft dieses in der Vergangenheit verwundeten Kontinents vorrückte, brachten die Einwohner Ostmitteleuropas eine Kenntnis des imperialistischen Russland und seiner zyklischen Aggressivität und Rücksichtslosigkeit mit. Anders als bei vielen früheren Gelegenheiten schien der Westen diesmal zuzuhören. Niemand unterschätzte mehr die Erfahrung Ostmitteleuropas, und obendrein wurde ihr zum vielleicht ersten Mal Beweiskraft zugesprochen. Die traumatische Vergangenheit nicht nur der Ukraine, sondern auch anderer kleiner und mittelgroßer Länder in der Region wurde zu einer begehrten Information, zu einer Lektion, die zu lernen sich lohnte.

»Mein Problem«, erklärte Michel Foucault einmal in einer Diskussion«, »besteht darin, herauszufinden, wie die Menschen sich, und zwar sich selbst und die anderen, durch die Produktion von Wahrheit regieren. Unter Produktion von Wahrheit verstehe ich [...] nicht die Produktion wahrer Aussagen, sondern die Einrichtung von Bereichen, in denen die Praktik von wahr und falsch zugleich reguliert und gültig sein kann«.[117]

Die Diskussion, die nach dem 24. Februar 2022 in der westlichen Welt begann, kann als kollektive Delegitimierung einer Wahrheitsproduktion und ihre Ersetzung durch eine andere interpretiert werden.[118] Eine Grundannahme (»Wahrheit«) der europäischen Russlandpolitik, wonach Russland möglicherweise kein normaler Staat sei, seine autoritären Tendenzen jedoch durch wirtschaftliche Beziehungen und gemeinsame Interessen gemildert werden könnten, war erschüttert und delegitimiert. An ihre Stelle trat eine andere Wahrheit, die die Erfahrung des Leids anerkannte – Leid, das Russland den Ländern zufügt, die es als Teil seiner »Einflusszone« betrachtet. Dies bedeutet anzuerkennen, dass die Identität der mittel- und osteuropäischen Länder zu einem wesentlichen Teil in vergangenen traumatischen Erfahrungen gründet; und dass diese Erfahrungen wertvolle Aufschlüsse darüber liefern können, was in einer für alle Welt schockierenden Situation als Nächstes zu tun ist.

Wie kam es dazu, dass der Westen der auf der kollektiven Erfahrung beruhenden Einordnung des Krieges durch die Osteuropäer Beachtung schenkte und die

Stimme Ostmitteleuropas – zumindest für eine Weile – in den Mittelpunkt des politischen Diskurses in Europa rückte? Welche Rolle spielten Gefühle der Angst und des Mitgefühls? Könnten Emotionen als Schlüssel dienen, um etwas von der inneren Verfasstheit der ostmitteleuropäischen Gesellschaften zu begreifen und ihre Sicht auf die Vergangenheit und Gegenwart zu teilen?

Liberale Vernunft, liberale Emotionen

Es wäre euphemistisch zu sagen, Emotionen seien in den letzten Jahrzehnten in den liberalen Demokratien Europas oft misstrauisch betrachtet worden.[119] Zweifelsohne haben viele liberale Denker und Politiker gute Gründe für eine skeptische Haltung gegenüber der Emotion. Die Abneigung gegen die Analyse der Politik unter dem Gesichtspunkt der Emotion hat ihren Ursprung zumindest teilweise in den furchtbaren Verbrechen, die in unserer Geschichte durch kollektive Gefühlsaufwallungen angefacht wurden, seien es der vom NS-Regime geschürte Rassenhass oder die religiösen und ethnischen Ressentiments, die in den neunziger Jahren im ehemaligen Jugoslawien von Politikern geweckt wurden. Der ehemalige polnische Ministerpräsident Donald Tusk warnte in einer seiner letzten Reden als Präsident des Europäischen Rates: »Die Emotionen und Leidenschaften, die uns von Natur aus innewohnen, sind stärker als unsere Wertschätzung der Gesetze und Regeln, die wir selbst festgelegt haben, und sie werden uns stets zu Gewalt und Unterdrückung treiben.«[120] Derartige Bedenken bewegten viele Intellektuelle und Persönlichkeiten des öffentlichen Lebens dazu, Distanz von Emotionen oder sogar einen völligen Verzicht darauf zu fordern. Der Philosoph Jürgen Habermas sprach sich für einen »Verfassungspatriotismus« aus, ein Konzept, das den Patriotismus, der normalerweise mit der Liebe zum Vaterland oder zur eigenen Nation gleichgesetzt wird, auf eine vernunftgesteuerte Identifikation mit Werten und Institutionen reduzierte.[121] Andere Denker, darunter Martha Nussbaum, haben eine liberale Erziehung der Emotionen gefordert. Die sokratische Pädagogik, wie Nussbaum dies nennt, soll die Phantasie der Bürger und ihre Fähigkeit zum kritischen Denken fördern und auf diese Art Intoleranz, Hass und Verachtung zurückdrängen.[122]

Obwohl Martha Nussbaum der emotionalen Beteiligung von politischen Akteuren viel Raum widmet, darf bezweifelt werden, ob diese Strategie adäquat ist. Sie schlägt einheitliche Erziehungsprinzipien vor, die in jedem Menschen, unabhängig von seinen persönlichen, etwa intellektuellen Eigenschaften, als Quelle geistiger Unabhängigkeit, Ablehnung despotischer Macht und Toleranz gegenüber dem Anderssein wirken sollen. Laut Nussbaum können Bürgerinnen und Bürger von schlechten Gefühlen »befreit« werden und eine Haltung der Sensibilität und Kritik entwickeln. Ob dies durch Massenbildung und Kultur möglich ist oder ob Nussbaums Konzept auf eine Art romantische liberale Utopie hinausläuft, bleibt strittig.

Doch die jüngsten weltpolitischen Entwicklungen – die Welle von Protestbewegungen gegen das Establishment, der Populismus, die Verschwörungstheorien, die Bewegung der Impfgegner in der Covid-Epidemie und zuletzt die vom Krieg gegen die Ukraine geweckten kollektiven Emotionen – haben gezeigt, dass eine solche Beschränkung auf die Rationalität einfach nicht funktioniert. Die neuesten Erkenntnisse der Neurowissenschaften zeigen, dass die Überzeugung, Menschen könnten vollkommen rational handeln, eine Illusion ist. In seinem einflussreichen Buch *Emotional* legt der amerikanische Physiker und Mathematiker Leonard Mlodinow neurologische Belege dafür vor, dass die Emotion der Vernunft vorausgeht. Während wir ohne die Fähigkeit zum rationalen Denken überleben könnten, könnten wir ohne Emotionen überhaupt nicht funktionieren, da wir nicht in der Lage wären, die einfachsten Entscheidungen zu fällen oder den Willen aufzubringen, irgendwelche Vorhaben in die Tat umzusetzen. So kann es auch keine Rationalität ohne Emotion geben. Jede konkrete Rationalität hat ihren Ursprung in Emotionen, die das Fundament für alles andere sind.[123] Die sorgfältige Beobachtung der emotionalen Mechanismen ist daher sinnvoller als die Annahme, sie seien in der Politik so gefährlich, dass sie vollkommen beseitigt werden müssten.

Wir müssen die Mechanismen verstehen, die der Wirkung der Emotionen zugrunde liegen. Dazu müssen wir sie aus einer anderen Perspektive betrachten. Schließlich ist das Wissen, dass unsere Emotionalität – die Erfahrung von Furcht, Hass, Schmerz, Leid auf individueller und kollektiver Ebene – erhebliche Auswirkungen auf die Politik haben kann, dass sie in diesem Sinne einer Politik vorausgeht, die auf rationalen Verfahren und Prinzipien beruht, nicht neu. Doch mit der Entwicklung der modernen Naturwissenschaften und der Medizin wurden die Emotionen zum Gegenstand von Psychologie, Psychiatrie und der Erforschung der chemischen und biologischen Abläufe im menschlichen Organismus. Ein großer Themenbereich, der ehemals die politische Philosophie beschäftigte – Leid und Furcht und ihre soziale Dimension –, ist in der Auseinandersetzung mit dem Kollektiven seit einigen Jahrzehnten vom Radar verschwunden.[124] Heute würden wir hinzufügen, dass Krankheit und Trauma und ihre kollektive Bedeutung ebenfalls in die Überlegungen einbezogen werden sollten.

Der geeignete Ausgangspunkt für eine Analyse der Entwicklung ist das 17. Jahrhundert. Zu jener Zeit nahm eine einflussreiche politische Theorie Gestalt an, die sich mit Gefühlen und ihrer Instrumentalisierung, ihrer Bändigung und Kontrolle beschäftigte und sie in ein Verhältnis zur politischen Ordnung setzte.

Im 17. Jahrhundert erlebte Europa eine fast ununterbrochene Abfolge plötzlicher und widersprüchlicher Ereignisse. Das Jahrhundert war zwischen zwei verschiedenen Epochen – der Renaissance und der Aufklärung – angesiedelt und begann mit der Verbrennung von Giordano Bruno (1600). Mitte des Jahrhunderts starb René Descartes (1650), und am Ende des Jahrhunderts hielt Pierre Bayle seine Reden über religiöse Toleranz (1686). Das 17. Jahrhundert war von Anfang an von der katholischen Gegenreformation geprägt, die von einem Vormarsch des Atheismus, vom Rationalismus und einem demonstrativen Mystizismus, vom Glauben an die Zufälligkeit der Geschichte und von absolutem Determinismus begleitet wurde.[125] Man könnte sagen, dass dieser Ideenreichtum in Verbindung mit den Dilemmata der Intellektuellen, die hilflos zusehen mussten, wie vor ihren Augen schier endlose Bürger- und Religionskriege tobten, dazu beitrug, dass die Auseinandersetzung mit Gefühlen und Affekten im 17. Jahrhundert eine beispiellose Blütezeit erlebte.

Einer der wichtigsten Denker jener Zeit war der englische Philosoph Thomas Hobbes. Wie er selbst betonte, war sein eigenes Leben von starken Gemütsbewegungen bestimmt. Vermutlich kam er im April 1588 zur Welt, während sich in England das Gerücht von einem unmittelbar bevorstehenden Angriff der mächtigen spanischen Armada verbreitete.[126] Die spanische Flotte tauchte schließlich erst im September auf, aber es geht die

Legende, dass die gesellschaftliche Unruhe bereits im ersten Halbjahr derart groß war, dass die Theologen die Apokalypse des Johannes beschworen und Mütter Frühgeburten erlitten. Hobbes erinnerte sich später, seine Mutter habe Zwillinge zur Welt gebracht: Der erste war er selbst, der zweite war die Furcht.[127] Tatsächlich spielte die Furcht eine prägende Rolle in seinem Leben und wurde zu einem zentralen Thema in seinem Werk.

Zu den wichtigsten Beobachtungen von Hobbes zählt die, dass man zur Beendigung der gesellschaftlichen Unruhe eine starke, kollektive Emotion (bei Hobbes: »Leidenschaft«) zur Grundlage des politischen Lebens machen muss – die Furcht.[128] Es ist jedoch nicht jede Art von Furcht geeignet. Zum Beispiel wirkt abergläubische Furcht zerstörerisch auf eine politische Gemeinschaft. Beruht die Furcht jedoch auf Wissen, so besteht die Möglichkeit, dass sie mit der Vernunft zusammenwirkt, was Stabilität ermöglicht. Ein Beispiel für eine solche begründete Furcht ist die Furcht vor einer Revolution. Unter dem Eindruck der dramatischen Ereignisse in den Jahren 1639-1651, deren Höhepunkt die Enthauptung von Charles I. war, schrieb Hobbes im *Leviathan* (II, 27. Kapitel) von der »Furcht vor dem sofortigen Tod«, welche die Menschen vor dem Chaos und der Grausamkeit warnen soll, in denen eine Gesellschaft versinken kann. Noch vorteilhafter ist es, wenn zusätzlich zur Furcht eine weitere Emotion (»Leidenschaft«) auftritt: die Hoffnung auf eine bessere Zukunft. Gestützt auf diese beiden Emotionen können sich die Menschen aus dem Naturzustand befreien, den Hobbes als eine Lage definiert, die von Gewalt, Unsicherheit und Ungewissheit hinsichtlich des eigenen Lebens gekennzeichnet ist.[129]

Die von Hobbes entwickelte politische Theorie der Emotionen breitete sich rasch in der frühneuzeitlichen Republik der Gelehrten aus und beeinflusste zahlreiche Nachfolger.[130] Einer von ihnen war Charles de Montesquieu, der das hobbessche Konzept weiterentwickelte. Er betrachtete die Furcht als Prinzip, das dem Despotismus zugrunde liegt, während die Monarchie auf der Ehre und die Republik auf der Liebe zur Gleichheit beruhte. Für die Stabilität eines Staates waren Emotionen nicht ausschlaggebend, lediglich für das politische System. Doch zu Montesquieus Zeit – er lebte ein Jahrhundert nach Hobbes – war der Prozess des gesellschaftlichen Wandels, in dem die höfische Gesellschaft unter Ludwig XIV. an die Stelle des Ritteradels trat, bereits so weit vorangeschritten, dass sich die Vorstellung durchsetzte, es sei eine gravierende intellektuelle Vereinfachung, eine einzige Emotion zur Grundlage der politischen Gemeinschaft oder eines politischen Systems zu machen. Die höfische Gesellschaft beruhte auf der Kunst, Triebe und Affekte zu beherrschen und zu verfeinern, die einen durch die anderen zu ersetzen und sie auf eine Art auszudrücken, die als zivilisiert betrachtet wurde – daher der spektakuläre Aufstieg des Begriffs der *civilité*.[131] Im 18. Jahrhundert begann sich auch der moderne Kapitalismus zu entfalten. Montesquieu entwickelte das Konzept einer Republik, in der sämtliche Leidenschaften und

Affekte präsent sein und sich gegenseitig neutralisieren würden, wobei manchmal die eine und manchmal eine andere deutlicher zutage treten würde. Die Interessen der Marktteilnehmer sollten die Leidenschaften in Schach halten. »Die Menschen sind immer besser dran, wenn sie sich in einer Lage befinden, wo sie, wenn auch ihre Leidenschaften sie versuchen sollten, boshaft zu sein, sich dennoch ihres Vorteils wegen diesem Hange nicht überlassen«, schrieb Montesquieu in seinem Traktat *Der Geist der Gesetze.*[132]

Montesquieus Thesen, wonach der von vielfältigen Leidenschaften und Interessen bestimmte Charakter der Republik sich im Handel miteinander verwirklliche, inspirierte einen weiteren französischen Philosophen, Alexis de Tocqueville, für den die Vereinigten Staaten diese Republik verkörperten. Die wichtigste zeitgenössische Leidenschaft, erklärte Tocqueville, die Kraft, die jeglichen politischen und sozialen Wandel antreibe, sei die Liebe zur Gleichheit, eine »feurige, unersättliche, ewige, unbesiegbare Leidenschaft«, die »einen immer größeren Platz im menschlichen Herzen einnimmt«.[133] Diese Emotion war jedoch von einer Vielzahl anderer umgeben, darunter die Liebe zu materiellen Dingen, Individualismus, Egoismus, Furcht und Angst, die in einer dynamischen sozialen Umgebung eine nach der anderen zum Vorschein kamen.[134]

Die politische Philosophie von Hobbes, Montesquieu und Tocqueville liefert ein geeignetes Instrumentarium zur Deutung der heutigen Gesellschaften: Erstens mit der These, dass Emotionen jeglicher Politik vorausgehen. In der Vergangenheit waren sie beständiger und konnten Regierungsformen oder ganze Epochen prägen. Heute können sie aufgrund des rasanten sozialen Wandels eine Gesellschaft für kurze Zeit erfassen und möglicherweise schon nach wenigen Monaten wieder abebben. Die allgegenwärtigen sozialen Netzwerke und Medien sind ein Indikator – hier können Emotionen sich wie Viren verbreiten.

Zweitens mit der Einsicht, dass Emotionen die gesamte Gesellschaft durchdringen, wenngleich sie, abhängig davon, wo sie auftreten, unterschiedlich wirken. Es wäre deshalb irreführend anzunehmen, eine bestimmte Gruppe oder mehrere Gruppen von Bürgern hegten irrationale Emotionen, während andere mit Vernunft gesegnet sind. Der Grund dafür ist, dass die Menschen einen verblüffend ausgeprägten Hang dazu haben, sich die Gefühle anderer anzueignen, wie Baruch Spinoza, ein weiterer Philosoph aus dem 17. Jahrhundert, beobachtete.

Das Posttraumatische Stresssyndrom als vorherrschende Emotion?

1993 erhoben mehrere junge Frauen Anschuldigungen wegen sexueller Übergriffe gegen den bekannten Bühnenautor Israel Horovitz. Zu den ersten Opfern, die sich zu Wort meldeten, zählte die Schriftstellerin Jocelyn Meinhardt: Horovitz hatte ihr vier Jahre zuvor angeboten, ihre Karriere zu fördern und ihr zu einem prestigeträchtigen Lehrstuhl zu verhelfen, attackierte sie später jedoch sexuell. Weitere Frauen, darunter Maddie Corman, Frédérique Giffard und Maia Ermansons, berichteten, Horovitz habe sie an die Wand gedrängt, geküsst und an den Brüsten berührt. Die Frauen beschwerten sich über sein Verhalten, gingen aber nicht an die Öffentlichkeit, zu Gerichtsverfahren kam es nicht. Doch im Jahr 2017 meldeten sich weitere Frauen, von der #MeToo-Bewegung ermutigt, zu Wort. Auch sie beschuldigten Horovitz sexueller Übergriffe. Diesmal fanden die Opfer Gehör. Die Theaterwelt verurteilte Horovitz, mehrere Ensembles sagten Produktionen seiner Stücke ab. Kurz darauf zog er sich aus dem Vorstand des von ihm gegründeten Theaterensembles zurück.[135]

Neben der #MeToo-Bewegung, die als Protest gegen die sexuelle Ausbeutung von Frauen in der amerikanischen Unterhaltungsindustrie begann, haben diskriminierte soziale Gruppen und sogar ganze Gesellschaften vergangene Traumata zu einem festen Bestandteil ihrer kollektiven Identität gemacht. Sie sind allesamt Beispiele dafür, dass Schmerz, Leid und Trauma in den letzten Jahrzehnten einen zentralen Platz in unseren Gesellschaften und im kollektiven Bewusstsein eingenommen haben. Im Folgenden werden wir zeigen, wie das Posttraumatische Stresssyndrom (PSS) zu einem universellen und relevanten Konzept geworden ist. Dieses Syndrom kann sogar als eine vorherrschende Emotion der heutigen Gesellschaften betrachtet werden.

In dem Roman *Die Offizierskammer* (2001) erzählt der französische Schriftsteller Marc Dugain die Geschichte des gutaussehenden Leutnants Adrien Fournier, der am ersten Tag der französischen Kampfeinsätze im Ersten Weltkrieg bei einer einfachen Aufklärungsmission von Splittern einer verirrten Granate getroffen wird. Die Granate tötet seine Kameraden und sein Pferd. Splitter zerfetzen Adriens Gesicht und zerschmettern seinen Gaumen und Kiefer. Er verbringt den Rest des Krieges gemeinsam mit anderen Offizieren mit ähnlichen Verletzungen in einem Krankenhaus. Da die Gesichter und Körper der Verwundeten furchtbar entstellt sind, hat das Pflegepersonal alle Spiegel aus der Station entfernt. Adrien möchte unbedingt wissen, welchen Schaden sein Gesicht erlitten hat, und bittet in seiner Verzweiflung sogar einen Besucher, ihn zu zeichnen.

An der Ostfront erlitt eine immense Zahl von Soldaten im Ersten Weltkrieg ähnliche Verletzungen wie die von Dugain beschriebenen. Ein Militärarzt schrieb: »Psychisch krank, hockten sie apathisch im Graben oder sie brannten darauf, den Tod ihrer Kameraden zu rächen, und man musste sie davon abhalten, sofort loszustürmen.«[136]

Als die Soldaten nach Kriegsende in die Heimat zurückkehrten, sah die Welt zum ersten Mal in großem Maßstab die furchtbaren Verletzungen, die der Granatbeschuss verursacht hatte. Die körperlichen Verstümmelungen waren jedoch nicht die einzigen Leiden: Genauso gravierend waren die psychischen Folgeschäden.

Kriegstraumata waren seit Langem bekannt, aber die Veteranen des Ersten Weltkriegs legten ein sehr sonderbares, bis dahin kaum beobachtetes Verhalten an den Tag.[137] Viele von ihnen konnten trotz der Rückkehr in ihre vertraute Umgebung kein normales Leben mehr führen. Sie fielen durch verstörende, repetitive, nervöse Bewegungen, Zuckungen und Ticks auf, litten unter Albträumen, emotionalen Zusammenbrüchen, anhaltender Stummheit und Lähmung. Viele wirkten so, als versuchten sie, eine Erfahrung erneut zu durchleben. Anfangs fällte die Gesellschaft ein hartes Urteil über sie: Es wurde allgemein angenommen, die betroffenen Soldaten und Veteranen hätten sich bewusst entschieden, diese Verhaltensweisen an den Tag zu legen. Wer nicht imstande war, den Befehlen der Offiziere Folge zu leisten und zu kämpfen, wurde vor ein Militärgericht gestellt, wo er sich wegen Fahnenflucht oder Feigheit vor dem Feind verantworten musste. Als die Veteranen ihr Verhalten auch nach Kriegsende nicht änderten, erklärten ihre Familien manchmal, diese Männer seien nicht die Ehemänner, Väter und Brüder, die in den Krieg gezogen seien, und warfen sie aus dem Haus. Sie wurden nicht als legitime Opfer anerkannt, Kriegstraumata waren ein verdächtiges Leiden.[138] Historiker haben noch eine weitere, pragmatischere Erklärung für die Verdrängung der Traumata des Ersten Weltkriegs: Da der Staat die Traumata nicht anerkannte, musste er den Opfern auch keine Renten oder Entschädigungen zahlen.[139]

Diese Praxis, dem Leid der Opfer die Legitimität abzusprechen, war im damaligen Verständnis der Funktionsweise der menschlichen Psyche und des Organismus verwurzelt. Jahrhundertelang gingen Philosophie und Psychologie davon aus, dass der Mensch im Allgemeinen nach Glück strebte. Diese Vorstellung war sowohl in der griechischen als auch in der christlichen Philosophie verankert. Hobbes trug zur Verbreitung dieses Gedankens bei und erklärte, der Mensch besitze die Fähigkeit zum aktiven Streben, was bedeutete, dass sein Handeln in erster Linie der Selbsterhaltung und dazu diente, unangenehme Erfahrungen zu vermeiden. Hobbes zufolge ist diese Fähigkeit angeboren. Der Embryo »bewegt seine Glieder im Mutterleib willentlich, um zu vermeiden, was ihn stört, oder zu erreichen, was ihm gefällt«.[140]

Doch zu Beginn des 20. Jahrhunderts gab es bereits Psychologen, die diese Phänomene vollkommen anders deuteten. Bereits um das Jahr 1870 hatte sich der französische Neurologe Jean-Martin Charcot, der mit seiner Forschung zur Hysterie bekannt geworden war, mit den Auswirkungen schwerer Zugunglücke auf das Nervensystem beschäftigt. Die Erforschung dessen, was zu jener Zeit als »Traumaneurose« oder »Eisenbahngehirn« bezeichnet wurde, setzten später andere fort, darunter der österreichische Arzt Sigmund Freud, der Begründer der Psychoanalyse, und der französische Psychiater Pierre Janet. In ihren Arbeiten tauchte zum ersten Mal die These auf, viele Neurosen hätten ihren Ursprung in einem seelischen Trauma. Gestützt auf seine Arbeit mit Weltkriegsveteranen formulierte Freud auch seine These über die seelischen Vorgänge jenseits des Lustprinzips. In seinen Augen war den Opfern einer »Schützengrabenneurose« ihr Verhalten nicht bewusst: Vielmehr verhielten sie sich, angetrieben von einem Selbstzerstörungstrieb, so, als hockten sie weiterhin im Schützengraben, und versuchten, die Kontrolle wiederzuerlangen und einen früheren Zustand wiederherzustellen.[141]

Das, was Freud und seine Zeitgenossen in den zwanziger Jahren ausgehend von ihrer therapeutischen Intuition beschrieben, wurde in den sechziger Jahren von der modernen Hirnforschung und Neurologie bestätigt. Aus dem Vietnamkrieg heimgekehrte Soldaten zeigten Verhaltensmuster, die den im Ersten Weltkrieg beobachteten ähnelten. Nun erhielt die »Schützengrabenneurose« einen neuen Namen: Sie wurde als Posttraumatisches Stresssyndrom (auch: Posttraumatische Belastungsstörung) bezeichnet. Im Jahr 1980 wurde dieses Syndrom im DSM-III, der dritten Auflage der von der American Psychiatric Association herausgegebenen Klassifizierung psychischer Störungen, offiziell als Krankheitsbild anerkannt.[142]

Das neue Verständnis der Störung war das Ergebnis von Verhandlungen und Kompromissen über ihre Definition und Interpretation.[143] Als Posttraumatisches Stresssyndrom (PSS) wird eine Anpassung des Nervensystems an einen permanenten Bedrohungszustand bezeichnet. Normalerweise setzt das Gehirn nur in Gefahrensituationen große Mengen des Stresshormons Adrenalin frei, das den sogenannten »Kampf-oder-

Flucht«-Mechanismus auslöst: Angesichts einer unmittelbaren Bedrohung stellen wir uns ihr entweder entgegen oder wir versuchen zu fliehen. Ist die Gefahr vorüber, so setzt das Gehirn Cortisol frei, das den Körper beruhigt. Bei Personen, die unter PSS leiden, ist der Adrenalinspiegel hingegen dauerhaft erhöht, was unverhältnismäßige Reaktionen in Situationen zur Folge hat, in denen eine derart heftige körperliche Reaktion unnötig ist. Auf der anderen Seite ist der Cortisolspiegel stets zu niedrig. Die Folge ist, dass von PSS betroffene Personen nicht nur überempfindlich und impulsiv sind, sondern oft auch ähnlich starke Empfindungen wie jene suchen, die ihr Leid verursacht haben. Es wird angenommen, dass sie nach Wegen suchen, um irgendetwas zu fühlen, da das Trauma ihre Gefühle abgetötet hat. Dadurch erhöhen sie nicht den Genuss, sondern vergrößern im Gegenteil ihr Leid.[144]

Für unsere Untersuchung bedeutsam ist, dass innerhalb eines knappen Jahrhunderts – zwischen dem Ersten Weltkrieg und der Jahrtausendwende – zwei grundlegende Veränderungen in der gesellschaftlichen Einstellung zu Schmerz, Leid und Trauma stattgefunden haben. Erstens ist das Posttraumatische Stresssyndrom ein wichtiger Bezugspunkt geworden und stellt eine neue Sprache zur Beschreibung der Auswirkungen dramatischer Ereignisse auf Menschen zur Verfügung. Tatsächlich ist es mittlerweile ein wertvoller Bestandteil der Sozialmoral. Noch vor einem Jahrhundert wurde nicht nur bezweifelt, dass die Opfer dieses Syndroms tatsächlich litten, sondern ihnen wurde sogar vorgeworfen, mit dem Hinweis auf ihr Trauma zu versuchen, sich eine finanzielle Entschädigung zu erschleichen. Heute wird das Eingeständnis des individuellen oder kollektiven Leids ernst genommen. Wir haben uns daran gewöhnt, dass immer mehr Menschen über ihre Traumata sprechen und dass an Schauplätzen traumatischer Geschehnisse wie Naturkatastrophen, Terroranschlägen und anderen Gewaltakten Psychologen zum Einsatz kommen.[145]

Manche werden sich darüber wundern, dass das Posttraumatische Stresssyndrom als Emotion bezeichnet wird, denn es scheint etwas ganz anderes zu sein als Liebe, Hass oder Furcht. Wir können es jedoch als emotionalen Zustand betrachten, als komplexes Bündel zahlreicher Emotionen, darunter Furcht, Angst, Leid und Wut. Das philosophische Konzept der dominanten Emotion ist hilfreich, wenn wir über Traumata, PSS und ihre sozialen Aspekte sprechen, denn es lenkt die Aufmerksamkeit auf die Frage, wie sich die Definition dieses emotionalen Zustands sowie die Information, dass Menschen darunter leiden, in der Gesellschaft durchsetzen. Dies kann die Folge der Aufnahme eines bestimmten wissenschaftlichen Konzepts in verbreitete kollektive Vorstellungen sein oder darauf beruhen, dass Personen und Gesellschaftsgruppen Informationen über ein bestimmtes Trauma und seine Nachwirkungen austauschen. Sobald sich eine ausreichend große Zahl von Personen den Aktionen anderer anschließt und diese kopiert, um einem Trauma Ausdruck zu verleihen und Information darüber auszutauschen, wird dieses Trauma im kollektiven Bewusstsein verankert und verwandelt sich in einen wichtigen Bezugspunkt. Dieser Mechanismus hat Ähnlichkeit mit dem, was der amerikanische Psychologe Robert Cialdini als »sozialen Beweis« bezeichnet. Unter diesem Gesichtspunkt ist die Ursache der traumatischen Erfahrung – sei es, dass es sich, wie im Fall von #MeToo, um sexuellen Missbrauch oder um die historische Erfahrung einer Besatzung durch ausländische Truppen handelt – weniger relevant als die Intensität der Zeugenaussagen auf verschiedenen Kommunikationskanälen wie den traditionellen und den sozialen Medien.

Die Tatsache, dass die Gesellschaften Ostmitteleuropas seit Jahrzehnten Informationen über das Trauma des russischen Imperialismus weitergeben, jedoch erst in jüngster Zeit im Westen Gehör gefunden haben, hat zumindest teilweise mit den Reproduktionsmechanismen von Zeugenberichten und mit dem Phänomen des sozialen Beweises zu tun. Doch während Intensität und Zahl der Berichte über ein gegebenes Trauma notwendige Voraussetzungen dafür sind, dass es sich in einen relevanten Bezugspunkt verwandelt, scheinen sie keine ausreichende Bedingung zu sein. Der Moment, in dem diese Zeugenaussagen gemacht werden, und die umgebende soziale Dynamik wirken sich ebenfalls aus.

Auch hier bietet sich die klassische Philosophie an, um intellektuelle Distanz zu gewinnen und ein besseres Verständnis zu entwickeln. Kehren wir noch einmal zu Montesquieus Überlegung zurück, dass neben den Leidenschaften und Affekten auch die Interessen der Menschen wesentlichen Einfluss auf ihr gesellschaftliches Handeln haben. Was würde die Betonung von Interessen für die Berücksichtigung von Traumata bedeuten? Das lässt sich auch auf die Frage übertragen, welche Berichte über Traumata Gehör finden und wann. Es muss ein Interesse geben, damit ein gegebenes Trauma als relevante Information und als Quelle nützlichen Wissens betrachtet wird. Im Fall der Verbreitung des Wissens über die Traumata, welche die Gesellschaften Ostmitteleuropas in ihrer Beziehung zu Russland erlitten haben, besteht dieses Interesse darin, zu einem neuen Verständnis der geopolitischen Ordnung zu gelangen. Die gegenwärtige Situation ist entstanden, nachdem sich herausgestellt hat, dass die althergebrachte Vorstellung von dieser Ordnung den tatsächlichen Bedingungen offenkundig nicht mehr entspricht. Im Jahr 2022 zeigte sich, wie nötig es war, dass Westeuropa in dieser Hinsicht dazulernt. Die Kenntnis der posttraumatischen Souveränität kann als Grundlage für das erforderliche Verständnis dienen. Letzteres dürfte die Zusammenarbeit mit diesen Ländern erleichtern, die in den gemeinsamen Strukturen von NATO und EU wertvolle Beiträge leisten können.

Die Guillotine wurde als grauenhaft effiziente Tötungsmaschine bekannt, aber die Beweggründe für ihre Erfindung waren in Wirklichkeit humanitärer Natur. Ihr Erfinder, Dr. Joseph-Ignace Guillotin, unterrichtete als Universitätsprofessor in Paris Anatomie und war in den ersten Monaten der Französischen Revolution Sekretär der Verfassunggebenden Nationalversammlung. Guillotin sprach sich dagegen aus, bei der Hinrichtung von Kriminellen qualvolle Methoden wie Hängen, Verbrennen auf dem Scheiterhaufen und Rädern anzuwenden, während Adelige Anspruch auf eine rasche Enthauptung hatten. Viele Aristokraten konnten es sich leisten, ihre Henker zu bestechen, damit er sie mit einem einzigen Schwerthieb tötete. Guillotin machte sich daran, eine neue Maschine zu entwickeln, die alle Verurteilten gleichbehandeln und rasch und schmerzlos töten würde.[146]

Die Historikerin Ute Frevert, die sich mit der Geschichte der Emotionen beschäftigt, erklärt, dass zur Zeit der Aufklärung das Prinzip der Leidensverringerung in der europäischen Kultur auftauchte.[147] Die öffentliche Vollstreckung von Strafen wurde humanitärer und verschwand im Lauf der Zeit vollkommen. In den folgenden Jahrzehnten und Jahrhunderten folgte die Abschaffung der Todesstrafe und später der Auspeitschung und anderer Arten von körperlichen Strafen. Schließlich wurde auch versucht, das seelische Leid zu verringern. Beispielsweise wurde die Unfähigkeit eines Menschen, sein biologisches Geschlecht als sein wirkliches Geschlecht zu empfinden, im Lauf der Zeit als psychisches Leiden anerkannt. Die Entwicklung des Konzepts des Traumas sollte vor diesem Hintergrund betrachtet werden. In dieser Entwicklung haben sich zwei bedeutsame Phänomene herauskristallisiert.

Erstens wurde das Konzept des Traumas erweitert: Die traumatische Erfahrung wurde universalisiert. Ursprünglich wurde nur bei Personen, die traumatische Erfahrungen von größter Intensität gemacht hatten, von einem Posttraumatischen Stresssyndrom gesprochen. PSS diagnostizierte man ausschließlich bei Opfern von Kriegstraumata, etwa bei Soldaten, die an besonders dramatischen Ereignissen beteiligt gewesen waren.

Im Lauf der Zeit wurde die Diagnose PSS jedoch auf Opfer von Ereignissen ausgeweitet, die nichts mit kriegerischen Konflikten zu tun hatten, darunter Opfer von Autounfällen, häuslicher Gewalt oder sexuellen Übergriffen. Verhaltensmuster, die zur Diagnose PSS passen, werden auch bei Personen beobachtet, die keinerlei dramatische Erfahrungen gemacht haben, sondern in ihrer Lebensumwelt einfach zahlreichen Reizen und Stressoren wie Smartphones und sozialen Medien ausgesetzt sind. Das hat sich in einer Studie zum »Entzugssyndrom« bei Personen gezeigt, die ihr Smartphone nicht verwenden durften, nachdem sie eine lange Zeit daran gewöhnt waren.[148] Im Rahmen dieses Prozesses der Erweiterung und Universalisierung wurden nicht nur einzelne Personen, sondern ganze Gruppen als

Traumaopfer eingestuft. Das ermöglichte es zahlreichen sozialen Gruppen, darunter zum Beispiel Opfern von Genozid oder Kolonialismus, vergangene traumatische Ereignisse in ihre kollektive Identität zu integrieren.

Festzuhalten ist: Es gibt einen Mechanismus zur Ausweitung des Konzepts des Traumas und zur Berücksichtigung von immer mehr sozialen Gruppen. Davon zu trennen ist jedoch die Frage, warum sich zu bestimmten Zeitpunkten zahlreiche Menschen mit dem Konzept des Traumas identifizieren und ihre kollektive Identität gestützt darauf definieren. Genau das ist in den mittel- und osteuropäischen Ländern in erster Linie mit Blick auf ihre dramatischen Erfahrungen im 20. Jahrhundert, aber auch auf ihre frühere Geschichte geschehen, die unter dem Einfluss des russischen Imperialismus stand. Dies ist eine der Fragen, mit denen wir uns im folgenden Kapitel beschäftigen werden.

Zweitens lässt sich nicht ignorieren: Seit der Veröffentlichung einer Definition der Diagnose PSS im Jahr 1980 ist das Konzept des Traumas trivialisiert worden. Das zeigt sich deutlich am Sprachgebrauch: Der Begriff des »Überlebenden« wird nicht länger nur auf die Opfer des Holocaust und anderer Genozide angewandt, sondern auch auf Personen, die sexuellen Übergriffen ausgesetzt waren – etwa auf die Frauen, die sich im Rahmen von #MeToo zu Wort gemeldet haben – oder unter Covid-19 gelitten haben. Die Tatsache, dass keine sprachliche Grenze zwischen diesen sehr unterschiedlichen Gruppen von Überlebenden gezogen wird, kann zu Missverständnissen und Kontroversen führen. Eine wichtige Verschiebung wurde auch durch die Tatsache ausgelöst, dass nicht nur Opfer von Gewalt, sondern auch Täter und sogar Zuschauer als vom Posttraumatischen Stresssyndrom betroffen eingestuft werden.[149] Das wirft zahlreiche ethische Fragen wie jene auf, welche Relevanz Konzepte wie Schuld, Strafe, Wiedergutmachung und Vergebung in einer Welt haben, in der es keine Opfer, Täter und Zuschauer mehr gibt, sondern nur noch Personen, die gleichzeitig und im selben Maß traumatisiert werden. Die Frage, wer von den verschiedenartigen Opfern wie viel Mitgefühl verdient, bringt zudem unterschiedliche politische Positionen zum Ausdruck.

Warum wir imstande sind, uns mit dem Leid anderer Völker zu beschäftigen, ist eine sehr viel komplexere Frage. Doch schon diese allgemeinen Beobachtungen zeigen, warum Anfang des 21. Jahrhunderts ein grenzüberschreitendes Gespräch über die posttraumatische Souveränität überhaupt in Gang kommen konnte. Der langfristige soziokulturelle Wandel hat beträchtlichen Anteil daran, und die gegenwärtigen geopolitischen und militärischen Entwicklungen haben dieses Gespräch zweifellos intensiviert.

Kapitel 4
Moralische Akteure, traumatisierte Ungeheuer

Im März und April 2022 war der Eilzug von Warschau nach Berlin eine Rettungsleine. Obwohl zu jener Zeit die meisten Flüchtlinge aus der Ukraine in Polen blieben, drängte sich auf dem Bahnsteig eine riesige Menschenmenge, die auf den Zug nach Berlin wartete. Die meisten dieser Geflüchteten waren Frauen im Alter zwischen 20 und 40 Jahren, manche mit einem, andere mit mehreren Kindern. Nur wenige ältere Frauen, die in der Ukraine liebevoll als »Babusi« (Oma) bezeichnet werden, wollten diese Reise antreten. Die männlichen Reisenden waren überwiegend Halbwüchsige. Die Reise konnte sich in eine menschliche Hölle verwandeln. Bei einer unserer Reisen in diesem Zug überließen wir unsere Sitzplätze einer Frau mit drei Kindern, darunter ein Baby. Zwei weitere Frauen beaufsichtigten abwechselnd einen kleinen Jungen, damit die andere ausruhen konnte. Sie versuchten das Kind aufzuheitern, aber als der Junge schließlich einschlief, bemühten sie sich nicht länger, ihre Mimik zu kontrollieren. Es war, als wären Masken von ihren Gesichtern heruntergerutscht: Ihre Augen starrten ins Leere, die Spannung um ihre Mundwinkel löste sich in traurige Ausdruckslosigkeit auf. In diesem Moment kamen die Emotionen zum Vorschein, die alle Reisenden aus der Ukraine beherrschten: Furcht, Trauer über den Verlust ihrer Welt, Kummer um verlorene geliebte Menschen.

Die Formen, in denen der seelische Zustand dieser Flüchtlinge zum Ausdruck kam, haben sich über eine lange Zeit hinweg in der europäischen und in anderen Kulturen entwickelt und kommen nicht nur im Bereich der Therapie, sondern auch in der Kunst zum Vorschein. Im Jahr 2008 ging der Publikumspreis des Warschauer Filmfests an *Waltz with Bashir*, einen dokumentarischen Trickfilm von Ari Folman, dessen Thema ein Kriegstrauma ist. In der ersten Szene trifft der Regisseur seinen Freund Boaz, der unter Albträumen leidet. Jede Nacht träumt er von einem Rudel wütender Hunde, die sein Haus in Tel Aviv angreifen und alles auf ihrem Weg zerstören. Boaz glaubt, dass dieser Traum seinen Ursprung im Libanonkrieg im Jahr 1982 hat, an dem er als Soldat teilnahm. Angesichts seiner Unfähigkeit, Menschen zu töten, befahlen ihm seine Vorgesetzten eines Tages, 26 Hunde zu erschießen.

Folmans Eltern waren polnisch-jüdische Holocaust-Überlebende. Als er die Geschichte seines Freundes hört, wird ihm bewusst, dass er sich nicht an den Krieg im Libanon erinnert, obwohl er selbst ebenfalls daran teilgenommen hat. Der Film handelt von seinen Versuchen, die Erinnerung an jene Erfahrung zurückzugewinnen, sowie von seiner Furcht vor dem, was er über sich selbst herausfinden könnte. Nach einer Reise nach Beirut, zahlreichen Gesprächen mit Freunden und einem auf das Posttraumatische Stresssyndrom spezialisierten Psychologen kehrt schließlich die Erinnerung an das Ereignis zurück, das Ari verdrängt hatte: Es war ein Massaker an palästinensischen Flüchtlingen, bei dem er »dem zweiten von drei Ringen von Soldaten« angehört hatte. In einer Szene erzählt er seinem Therapeuten, dass er mit großer Sicherheit nicht an der Tötung von Flüchtlingen teilnahm. Aber was genau tat er? Sah er nur zu? Oder feuerte er Leuchtgranaten ab, die den Mördern halfen, ihre Opfer aufzuspüren? Der Therapeut beschwichtigt Ari: »Es ist nicht wichtig, ob Sie sich daran erinnern. Das Wichtigste ist, dass Sie keine Menschen getötet haben.«

Wir könnten es bei der Feststellung belassen, dass der Gedächtnisverlust in dieser Geschichte ein Verteidigungsmechanismus ist und dass die Entdeckung der Wahrheit befreiend wirkt. Doch die Tatsache, dass in dem Film ein Zuschauer, der auch ein Täter sein könnte, als Traumaopfer dargestellt wird, gibt Anlass zu begründetem Zweifel. Als das Posttraumatische Stresssyndrom im Jahr 1980 offiziell in die psychiatrische Diagnostik aufgenommen wurde, war das Ziel eine Klärung der Definition und eine objektive Beschreibung der Störung. Die neue Diagnose beruhte nicht auf der Ursache des Syndroms, sondern auf der Quantifizierung messbarer Symptome einschließlich der Ausschüttung bestimmter Hormone in den Blutkreislauf, was impulsives Verhalten und Erregungszustände verursacht, die noch lange nach dem ursächlichen dramatischen Ereignis zu beobachten sind.

Aber wenn das Konzept des Traumas universell angewandt wird, um nicht nur über die Opfer von Genozid, Hunger und Krieg, sondern auch über jene zu sprechen, die Berufsunfälle oder sexuelle Aggressionen erlitten haben, stellt sich die Frage nach den moralischen Konsequenzen. Auf der einen Seite liefert uns das Konzept des Traumas neue Erkenntnisse über die menschliche Natur, über Gewalt und über die Relevanz der nationalstaatlichen Geschichte für andere Teile der Welt. Auf der anderen Seite kann es wichtige ethische Trennlinien zwischen Gut und Böse verwischen und unser Wissen über die moralische Handlungsmacht des Menschen beeinträchtigen. Bei der Verwendung der Sprache des Traumas sollte uns beides bewusst sein.

Tatsächlich haben wenige Veränderungen im gesellschaftlichen Bewusstsein in jüngster Zeit tiefergreifende Auswirkungen auf die universell anwendbaren moralischen Kategorien gehabt als das Konzept des Traumas. Dasselbe gilt für die politische Sphäre. Seit dem Februar 2022 wird der posttraumatische Charakter der mittel- und osteuropäischen Gesellschaften nicht länger unter nationalen Gesichtspunkten betrachtet. Er ist für die Neudefinition von Putins Russland relevant geworden: Zuvor wurde das Land von vielen als strategischer Partner angesehen – jetzt gilt es als ernste Bedrohung für die Weltordnung. Und das ist nicht alles: Das Konzept ist wichtig, weil es die Voraussetzung für Empathie zwischen verschiedenen Gesellschaften ist. Doch es kann – unter anderem von nationalistischen Populisten in Ostmitteleuropa – auch als Waffe eingesetzt werden, um Ressentiments zu schüren.

Außerdem ist das Konzept geeignet, die Realität erheblich zu verzerren. Beispielsweise gibt es gute Gründe für die These, die russische Gesellschaft sei nach Jahrzehnten despotischer Herrschaft und infolge der langjährigen Erfahrung mit dem Krieg in seinen verschiedenen Formen ebenfalls schwer traumatisiert. Kann den Bürgern der russischen Föderation also ein moralischer Vorwurf daraus gemacht werden, dass Putin seit zwei Jahrzehnten an der Macht ist? Und wenn ja: Gilt dies für alle Russen oder nur für einen Teil von ihnen? Gibt es so etwas wie eine »russische Schuld«, ähnlich wie die von Karl Jaspers beschriebene Schuld der Deutschen?[150] Oder ist die russische Gesellschaft so traumatisiert, dass sie sich nicht wehren konnte, als ein grausamer Diktator gegen ihren Willen die Macht über sie errang – womit eine moralische Verurteilung irrelevant wäre? Um uns in der neuen Epoche zurechtzufinden und ihre wichtigsten Züge herauszuarbeiten, müssen wir verstehen, wie die Antwort auf diese Fragen aussehen könnte.

Die vorangegangene Ära

»Die Vergangenheit ist ein fremdes Land. Dort werden die Dinge anders gemacht.« Dieser berühmte Satz, mit dem der englische Schriftsteller L. P. Hartley seinen Roman *The Go-Between* (1953) eröffnet, bietet sich an, um einen Blick auf die Zeit vor dem Siegeszug des Konzepts des Traumas zu werfen. Der Holocaust, der im Wesentlichen in Ostmitteleuropa stattfand, ist inzwischen der wichtigste Bezugspunkt für das heutige Verständnis des Posttraumatischen Stresssyndroms.

In den sechziger Jahren bereiste der in Österreich geborene Essayist Jean Améry, der im Zweiten Weltkrieg Auschwitz, Buchenwald und Bergen-Belsen überlebt hatte, zum ersten Mal seit Kriegsende Deutschland. Er fand ein blühendes Land vor: Die Städte waren blitzsauber, die Produkte waren von bester Qualität, und Dienstleistungen wurden zuverlässig und gewissenhaft erbracht. Die Bürger waren bemerkenswert freundlich, ja es wäre schwierig gewesen, ein toleranteres und moderneres Volk zu finden. Doch für Améry war die Reise durch dieses Paradies auf Erden unerträglich. Auch wenn er den Deutschen so wie allen anderen Völkern aufrichtig das Beste wünschte, konnte er sich nicht am Wohlstand der Bevölkerung freuen. Später erinnerte er sich, dass sein Unbehagen nach einem Gespräch mit einem Geschäftsmann, der ihn davon zu überzeugen versuchte, dass es in Deutschland keinen Rassenhass mehr gebe, einen Höhepunkt erreicht hatte. Das deutsche Volk, hatte der Mann erklärt, »trage dem jüdischen nichts nach; als Beweis nannte er die großzügige Wiedergutmachungspolitik der Regierung, wie sie übrigens auch von dem jungen Staat Israel voll gewürdigt werde. Ich fühlte mich miserabel vor dem Mann, dessen Gemüt im Gleichen war: Shylock, der sein Pfund Fleisch fordert. Vae Victoribus!«[151]

Améry fuhr fort: »Mir ist nicht wohl in diesem friedlichen, schönen, von tüchtigen und modernen Menschen bewohnten Lande. Warum, das hat man schon erraten:

Ich gehöre jener glücklicherweise langsam aussterbenden Spezies von Menschen an, die man übereinkommensgemäß die Naziopfer nennt.«[152] Améry konnte sich nicht vorstellen, den Deutschen zu verzeihen. Keine Entschuldigung deutscher Politiker oder anderer Vertreter der Nation hätte ihn umstimmen können. Er gab offen zu, dass ihm die Vorstellung von der Kollektivschuld des deutschen Volkes durchaus angenehm war, denn sie war die Grundlage für sein *Ressentiment*.

In den ersten Jahren nach dem Zweiten Weltkrieg war die Vergangenheit noch eine Geschichte der Sieger. Kaum jemand beschäftigte sich mit den Opfern des Krieges, und die Überlebenden der Shoah waren eine Gruppe, der kaum jemand Beachtung schenkte, weil ihnen unterstellt wurde, sich passiv in ihr Schicksal gefügt zu haben. Mit der Fernsehausstrahlung der US-amerikanischen Serie *Holocaust* im Jahr 1979 setzte ein Bewusstseinswandel in der breiten Öffentlichkeit der Bundesrepublik ein. Literarische Werke, Erinnerungen von Überlebenden, Monographien, darunter Raul Hilbergs bereits 1954 abgeschlossenes Standardwerk *Die Vernichtung der europäischen Juden* (1982), Buchreihen wie die »Schwarze Reihe« des S. Fischer Verlags, Dokumentarfilme (etwa Claude Lanzmanns *Shoah* 1984), Fernsehserien und Debatten wie der Historikerstreit trugen zu diesem Wandel bei.

Am Anfang dieses Prozesses steht das Opfer jenseits von Schuld und Strafe, wie Améry schreibt, in einem Zustand der Einsamkeit und des Gefangenseins in der Vergangenheit, der andauert, auch wenn die traumatische Erfahrung wie in seinem Fall Jahre zurückliegt. Primo Levi ergänzt diese Beschreibung durch eine Auseinandersetzung mit der Scham der Opfer, die »der Gerechte empfindet vor einer Schuld, die ein anderer auf sich lädt und die ihn quält, weil sie existiert, weil sie unwiderruflich in die Welt der existenten Dinge eingebracht ist«.[153] Aber am Ende des Prozesses stehen die Opfer im Mittelpunkt der Geschichte des Zweiten Weltkriegs. Obendrein werden sie nicht mehr als passiv betrachtet, sondern bemühen sich aktiv um die ihnen zustehende Gerechtigkeit, (finanzielle) Entschädigung, Anerkennung und Legitimität.

Mit dieser Neudefinition der Position des Opfers ging eine nachdrückliche Zuweisung moralischer Handlungsmacht und moralischer Rollen einher, die von denen übernommen wurden, die an den dramatischen Ereignissen der Vergangenheit teilgehabt hatten. Es begann die »Ära der Entschuldigung«, um einen Ausdruck von Roy Brooks zu verwenden,[154] eine Zeit, in der Kategorien wie Schuld, Reue und Vergebung, die bis dahin in die Sphäre der persönlichen Erfahrung des Individuums gehört hatten, in der kollektiven und politischen Sphäre Einzug hielten. Politiker übernahmen die moralische Verantwortung für ihre Gesellschaften. Sie knieten nieder oder umarmten einander in langen Gedenkfeiern und Gottesdiensten. Im Blitzlichtgewitter der Pressephotographen gaben sie moralische Erklärungen ab. Solche Erklärungen und die darin verwendete Sprache haben sich nicht nur in Europa ausgebreitet, wobei Deutschland als Brennpunkt der Geschichte des 20. Jahrhunderts die alleinige Verantwortung für Auschwitz übernahm.[155] Tatsächlich nahmen die symbolischen Repräsentationen der Gerechtigkeit in der Politik in den letzten Jahrzehnten des 20. Jahrhunderts deutlich zu. Bekundungen von Schuld, Reue und Vergebung haben sich auf internationaler Ebene massiv ausgebreitet. Um nur einige Beispiele zu nennen: Im Jahr 1995 bat Königin Elizabeth II. die Maori um Verzeihung; Australien entschuldigte sich 2008 bei den geraubten Aborigines-Kindern; die kanadische Regierung bat die indigene Bevölkerung des Landes im Jahr 2008 um Vergebung. Angesichts der weltweit wachsenden Zahl politischer Bekundungen des Schuldbewusstseins um die Jahrtausendwende sprach der französische Philosoph Jacques Derrida von einer »Globalisierung der Vergebung«.[156]

Zu Beginn des 21. Jahrhunderts wandelte sich das Verständnis der Vergangenheit dank der Ausbreitung des Konzepts des Posttraumatischen Stresssyndroms erneut. Einerseits wäre die Universalisierung der Erfahrung der Opfer und die Erweiterung der Definition des Traumas ohne eine »Ära der Entschuldigung« kaum möglich gewesen. Andererseits hat die neue Ära – die Ära der Opfer – die Fundamente der früheren Zeit buchstäblich auf den Kopf gestellt. Das hatte zwei Folgen. Erstens wirkte es sich auf die Definition von Gut und Böse aus, die beiden zentralen Kategorien der Ethik. Zweitens weckte es mit der Empathie auch die Konkurrenz um das vergangene Leid.

Für eine Entschuldigung muss es mindestens zwei moralische Akteure und eine Handlung geben, die Schaden verursacht hat. Sodann muss es gemeinsame ethische Kategorien und eine gemeinsame Sprache geben, die der Definition und Benennung der Umstände dienen und es den Beteiligten erlauben, Kontakt zueinander – und abhängig von ihren religiösen Überzeugungen vielleicht auch zu Gott – herzustellen.

Ob eine Person als moralischer Akteur betrachtet werden kann, hängt oft von der Möglichkeit (oder Unmöglichkeit) ab, ihr die Fähigkeit zur Unterscheidung zwischen Richtig und Falsch und die moralische Verantwortung für ihre Handlungen zuzuweisen. Nicht jedem Menschen kann moralische Handlungsmacht zugeschrieben werden. Allgemein wird davon ausgegangen, dass Tiere, Gegenstände, geistig Beeinträchtigte und Kinder, welche die Konsequenzen ihrer Handlungen möglicherweise nicht verstehen, keine moralischen Akteure sind. Allerdings ist umstritten, in welchem Alter Kinder diese Fähigkeit entwickeln können oder ob einige Tiere sie besitzen. Paul Hudges weist auf den intuitiven und teilweise subjektiven Charakter der Definition des moralischen Akteurs hin.[157]

Die Definition der schädlichen Handlung ist ebenfalls mit Schwierigkeiten behaftet, und zwar sowohl auf individueller als auch auf kollektiver Ebene. Auf individueller Ebene stellt sich die Frage der Objektivität. Nehmen wir an, eine Person ist der Meinung, durch eine Äußerung einer anderen Person geschädigt zu werden, während diese mit der Begründung, es handle sich lediglich um eine »freie Meinungsäußerung«, über die Überempfindlichkeit der betroffenen Person spottet. Wie können wir feststellen, ob die Äußerung tatsächlich schädlich ist? Bis zu einem gewissen Grad kann man die in unserer Kultur verwurzelten grundlegenden ethischen Kategorien von Gut und Böse anwenden, um diese Frage zu beantworten. Doch selbst diese Kategorien sind nicht unumstritten. In der Geschichte der Philosophie finden sich verschiedene Definitionen des Bösen: von Augustinus' Erklärung, das Böse sei einfach die Abwesenheit des Guten, bis zu Kants Begriff des radikalen Bösen, das besagt, das Böse sei ein fester Bestandteil der menschlichen Natur, es gehe jeder seiner Handlungen voraus und sei ein für den menschlichen Verstand unergründliches Geheimnis.

In Reaktion auf den Holocaust begann eine erneute Auseinandersetzung mit dem Bösen, die wesentlich von Hannah Arendt beeinflusst wurde. In einem Brief an Gershom Scholem, in dem sie sich mit dem Eichmann-Prozess in Jerusalem befasste, schlug Arendt vor, die Verwendung des Konzepts des »radikalen Bösen« aufzugeben und stattdessen von der »Banalität des Bösen« zu sprechen. Arendt hielt Eichmann für unfähig, ein moralischer Akteur zu sein, obwohl er erwachsen und geistig normal sei. Sie erklärte, das Böse sei »immer nur extrem [...], aber niemals radikal, es hat keine Tiefe, auch keine Dämonie. Es kann die ganze Welt verwüsten, gerade weil es wie ein Pilz an der Oberfläche weiterwuchert. Tief aber, und radikal ist immer nur das Gute.«[158]

Mit Blick auf das Trauma sehen wir ein anderes Bild. Im Ersten Weltkrieg wurden Soldaten, die nicht töten wollten, der Feigheit bezichtigt und als Deserteure bestraft, weil ein moralisches Urteil über ihr Verhalten gefällt wurde. Das Konzept des Traumas soll es ermöglichen, psychologische und soziale Realitäten objektiv zu beschreiben und zu verstehen, bevor ein moralisches Urteil gefällt wurde. Durch die Linse des Traumas betrachtet, ist es irrelevant, ob ein Mensch ein moralischer Akteur ist oder nicht. Das Trauma wird nicht entsprechend dem Maß an moralischer Verantwortung definiert – dessen Beurteilung, wie wir gesehen haben, stets zumindest teilweise subjektiv ist –, sondern mit Blick auf körperliche Mechanismen, die objektiv gemessen werden können. Während es in der Ethik von Schuld und Entschuldigung um den Umgang mit moralischen Narben geht, die durch schädliche Handlungen verursacht wurden, geht es in der Psychologie und Soziologie des Traumas um Narben, die als Resultate von Verletzungen betrachtet werden, so als wären sie physischer Natur, nicht jedoch Gründe für Empörung oder Ressentiment. Metaphorisch ausgedrückt, sind Narben im Konzept des Traumas wie Spuren im Gehirn, während sie in der Ethik Spuren der Seele sind. Kleine Kinder, geistig Beeinträchtigte und Tiere sind keine moralischen Akteure, aber die Angehörigen aller drei Gruppen können traumatisierte Subjekte sein. Es ist auch durchaus möglich, einen Täter, der an einem

Massenverbrechen beteiligt gewesen ist, als traumatisiert zu betrachten, denn diese Einstufung hängt nicht von ethischen, sondern von neurobiologischen Kriterien ab.

Das Konzept des Traumas hat auch das Potential, die Definition von Gut und Böse in Bezug auf vergangene Handlungen grundlegend zu verändern, und zwar in zweierlei Hinsicht. Zum einen kann es bezüglich des moralischen Akteurs die Vorstellung vom Bösen irrelevant machen. Nehmen wir beispielsweise eine Person, die eine schädliche Handlung begangen hat. Viele Philosophen haben sich mit der Frage beschäftigt, was mit einem Übeltäter geschieht, während und nachdem er Böses tut. Es wird nicht angenommen, dass die schädliche Handlung nur auf die geschädigte Person zerstörerische Auswirkungen haben wird.

Der in Kaunas im heutigen Litauen geborene Philosoph Emmanuel Levinas, der teilweise in Charkiw in der heutigen Ukraine ausgebildet wurde, bevor er nach Frankreich auswanderte, erlitt durch den Verlust eines Teils seiner jüdisch-litauischen Familie im Holocaust ein schweres Trauma. Levinas erklärte, die gravierendste Konsequenz des Bösen sei möglicherweise die Zerstörung, die schädliche Handlungen in der Seele des Übeltäters anrichteten: »Vielleicht sind die Krankheiten, die ohne Hilfe des Nachbarn in der Seele geheilt werden müssen, gerade die tiefsten Formen des Bösen, und vielleicht ist im Fall unserer sozialen Verstöße selbst dann, wenn der Nachbar versöhnlich gestimmt ist, das Schwerste und Ernsteste noch zu tun? Haben wir nicht, indem wir ein Verbrechen an Gott begangen haben, die Grundlage unseres Gewissens eben als Gewissen verletzt?«[159] Doch Levinas bestritt nicht, dass der Übeltäter Schuld trug. Er wollte nicht sagen, dass die schädliche Tat dramatisch war und eine Veränderung in der Gehirnchemie des Täters bewirkte. Vielmehr wollte er sagen, dass eine bestimmte Qualität des Bösen gravierende Auswirkungen auf die Seele des Täters hat. Aber wenn man das Konzept des Traumas auf den Übeltäter anwendet, wenn man behauptet, dass sein Verhalten durch eine dramatische vergangene Erfahrung verursacht wurde, besteht die Gefahr, dass die Existenz jeglicher moralischen Handlungsmacht negiert wird. Die Tatsache, dass Eichmanns Gewissen nach Einschätzung Arendts nicht richtig funktionierte, ist irrelevant für das Konzept des Traumas. So betrachtet, könnte man sagen, dass Eichmann kein Trauma erlitten hatte, und zwar nicht, weil seine Handlungen nicht böse gewesen wären oder weil er unfähig gewesen wäre zu erkennen, dass seine Handlungen böse waren, sondern einfach, weil er nie ein Vernichtungslager besuchte und alle Entscheidungen in der Stille seines Büros fällte.

Das Konzept des Traumas und seine Universalisierung eröffnen in Ostmitteleuropa große Chancen für Solidarität mit leidenden Menschen und bergen zugleich erhebliche politische Risiken. Vorteilhaft ist, dass die Empathie eine Art von Kommunion im Trauma ermöglicht. Die Angst Ostmitteleuropas ist existentieller Natur und wird seit dem Zweiten Weltkrieg besonders stark empfunden. In jener Zeit war die gesamte Region der aggressiven Politik der Großmächte ausgesetzt. Die kleinen Länder, die in der Zwischenkriegszeit oft erbitterte Konflikte untereinander austrugen, hatten nur geringen oder überhaupt keinen Einfluss auf den Gang der geopolitischen Ereignisse. Im Jahr 1946 schrieb der ungarische Intellektuelle István Bibó einen Essay über die »Misere der osteuropäischen Kleinstaaterei«. Wie in unserer Einleitung erwähnt, machte der tschechisch-französische Schriftsteller Milan Kundera in den achtziger Jahren die westliche Leserschaft mit diesem Gedanken vertraut. Nach dem Zweiten Weltkrieg wurden bestimmte Vorstellungen vom Schicksal der Länder Mittel- und Osteuropas verbreitet. Im Fall der Gesellschaften von Ländern, die nach 1945 vollkommen von der Karte verschwanden, ging die traumatische Erfahrung mit der Angst einher, der Westen werde vergessen, dass sie jemals als unabhängige Staaten existiert hatten.[160]

Doch im 21. Jahrhundert können die regionalen Befürchtungen, die Unabhängigkeit eines Staates könne angesichts einer Bedrohung in Frage gestellt werden, die Solidarität zwischen den kleinen Ländern fördern. Eine der Konsequenzen dieser Solidarität war, dass Flüchtlinge aus der Ukraine im Jahr 2022 insbesondere in Polen mit offenen Armen aufgenommen wurden. Für einen außenstehenden Beobachter mochte es eine Überraschung sein, dass die Polen bereit waren, innerhalb weniger Wochen Millionen Flüchtlinge aufzunehmen. Zweifel an der Solidarität der Polen waren durchaus angebracht: Seit der syrischen Flüchtlingskrise im

Jahr 2015 hat sich Polen entschieden gegen Pläne ausgesprochen, Asylsuchende proportional zur Bevölkerung auf die Mitgliedstaaten der Europäischen Union zu verteilen. Und noch im Jahr 2021 setzte das Land bewaffnete Polizeieinheiten und das Militär ein, um einige tausend vorwiegend aus Afghanistan und Syrien stammende Flüchtlinge, die aus Belarus einzureisen versuchten (darunter viele Frauen und Kinder), am Grenzübertritt zu hindern.

Dass Polen im Jahr 2022 eine vollkommen andere Haltung einnahm, lag daran, dass die Ukrainer anders eingestuft wurden als die Flüchtlinge aus den zuvor genannten Ländern. Das kann leicht als Bevorzugung von Angehörigen derselben Ethnie, Kultur oder Religion fehlinterpretiert werden. Die spontanen Manifestationen von Mitleid und Empathie hatten ihren Ursprung im Wesentlichen in der Geographie und in der gemeinsamen Geschichte. In Warschau werden die ukrainischen Flüchtlinge fast einhellig als »Menschen wie wir« betrachtet. Die Solidarität der Bevölkerung in den Jahren 2022 und 2023 wurde durch politische Gesten und das öffentliche Gedenken an das Leiden in früheren Kriegen verstärkt (ein Beispiel war die Ausstellung »Warschau–Mariupol – Städte in Ruinen, Städte des Kampfes, Städte der Hoffnung«, die auch vom polnischen Staatspräsidenten besucht wurde).[161] In Estland und anderen Ländern wurden solidarische Basisgruppen organisiert, die sich ebenfalls mehrheitlich auf die Erinnerung an die traumatischen Erfahrungen der Vergangenheit beriefen.[162] Die Tatsache, dass die Ukrainer ihre posttraumatischen Befürchtungen und Erfahrungen teilten, weckte bei den Polen den Eindruck, dass sie sich ebenfalls im Krieg befanden.

Unter solchen Umständen verstärkt ein Trauma auch das Bedürfnis, Zeugnis abzulegen, Erfahrungen auszutauschen und zu reproduzieren und zu wiederholen, was die anderen zu sagen haben. Das versetzt Menschen in die Lage, eine Beziehung zu dem herzustellen, »was wir einfach voneinander wissen, aber was wir noch nicht über unsere traumatische Vergangenheit wissen«, wie es Cathy Caruth ausdrückt.[163] Deshalb erfüllten die zuvor zitierten Aussagen von Politikern wie Sanna Marin, Sauli Niinistö oder Kaja Kallas über die historischen Traumata ihrer Länder die Funktion öffentlicher Zeugnisse und wurden von den internationalen Medien aufgegriffen. Das trug zu einem Wandel der Einstellung von Öffentlichkeit und Politik zu Putins Russland bei und wirkte sich auf das Verständnis der Natur und der Ursachen des Kriegs in der Ukraine aus. Die große Zahl derartiger Stellungnahmen, ihr Ursprung in gemeinsamen und ähnlichen Erfahrungen, das ausgeprägte Bedürfnis der Mittel- und Osteuropäer, diesen Einschätzungen Ausdruck zu verleihen, und die praktische Empathie trugen allesamt zur Etablierung eines sozialen Beweises bei, um den von Robert Cialdini geprägten Begriff zu verwenden (vgl. oben S. 113). Sie erzeugten eine Dynamik, in der die wachsende Zahl von Stellungnahmen ein neues Wissen hervorbrachte, das im Westen verbreitet und eingesetzt wurde, um das Verständnis der globalen Sicherheit und der größten Bedrohungen für diese Sicherheit zu ändern.

Gegenwärtig bestehen kaum Zweifel daran, dass die Popularisierung des Konzepts des Traumas den Mittel- und Osteuropäern Möglichkeiten eröffnet. Aber die mit seiner Dynamik verbundenen Risiken können nicht vollkommen kontrolliert werden, indem man sich darauf beschränkt, nur Informationen zur Geschichte eines Landes zu liefern. In einer Debatte, in der die Darstellungen vergangenen und gegenwärtigen Leids nicht in ein umfassenderes Narrativ über die ethische Dimension eingeordnet werden, kann die Anwendung des Konzepts des Traumas auch zur Verunklarung der moralischen Kategorien führen und epistemologische Verwirrung heraufbeschwören.

Im Frühjahr 2022 lösten Vorgänge im Vatikan eine internationale Kontroverse aus. Unter den Stationen des Kreuzwegs am Kolosseum war in jenem Jahr eine, bei der zwei Frauen gemeinsam ein Kreuz trugen: Iryna aus der Ukraine und Albina aus Russland. Die beiden Frauen wurden in dieser Situation gleichgestellt, was die Ukrainische Orthodoxe Kirche dazu bewegte, Widerspruch gegen die Durchführung der Zeremonie zu erheben. Swjatoslaw Schewtschuk, der Patriarch der Ukrainischen Griechisch-Katholischen Kirche, bezeichnete die Idee als »inkohärent und sogar verletzend« sowie als »unpassend und mehrdeutig«, da sie »den Kontext der russischen militärischen Aggression gegen die Ukraine nicht berücksichtigt«.[164]

Für Papst Franziskus und seine Berater hatte der

Kreuzweg des Jahres 2022 eine vollkommen andere Bedeutung. »Ich verstehe, dass dies in der gegenwärtigen Situation eine sehr schmerzhafte Geste ist, die missverstanden werden könnte«, erklärte Antonio Spadaro, ein enger Vertrauter des Papstes. »In einem Moment wie diesem […] kann Papst Franziskus eine prophetische Heilsbotschaft senden – eine Botschaft der Versöhnung.«[165] Es gab noch weitere wichtige Botschaften: Zwei Frauen traten gegen einen von Männern begonnenen Krieg auf, zwei normale Bürgerinnen widersetzten sich einem von Politikern und Militärs diktierten Krieg. Doch Schewtschuks Kritik war nicht unbegründet: Er lenkte die Aufmerksamkeit auf das andauernde Böse und die moralische Verantwortung dafür.

Nur von diesem Standpunkt aus betrachtet wird sichtbar, dass die Aussöhnung, obwohl sie wichtig ist, ein gewisses Maß an Zeit und Distanz erfordert. Solange der Krieg weitergeht, ist sie schwierig. Für das fortdauernde Böse, man erinnere sich, standen zu jener Zeit die Bilder aus Butscha, die wenige Wochen vor dem Kreuzweg 2022 in die Öffentlichkeit gelangt waren. Erst nach einer langwierigen Analyse der vergangenen Taten kann man das Böse benennen und die moralische Verantwortung zuweisen. Das, was Spadaro als prophetische Botschaft bezeichnete, könnte bedeuten, dass die Aussöhnung zwischen der ukrainischen und der russischen Frau eine Zukunftsperspektive darstellt. In dieser Perspektive wäre der Krieg bereits beendet, und die Menschen – vielleicht die Kinder der heutigen Russen und Ukrainer – wären in der Lage, sich angesichts der Bürde der Vergangenheit miteinander zu versöhnen. Sie hätten tatsächlich ein von der vorangegangenen Generation geerbtes Trauma gemein, gleichgültig ob sie die Kinder der Täter oder der Opfer wären. Da sich Kinder ihre Eltern nicht aussuchen können, impliziert das von ihren Eltern an sie weitergegebene Trauma kein moralisches Urteil.

Der Kreuzweg von 2022 lehrt uns etwas sehr Wichtiges. Sowohl Ukrainer als auch Russen leben zweifellos in posttraumatischen Gesellschaften. Die Geschichte beider Völker wird von der dunklen Seite der russischen politischen Kultur überschattet, zu der Imperialismus, Kolonialismus, Despotismus und zyklisch wiederkehrende Kriege gehören. Doch die Distanzierung von der moralischen Verantwortung für das Böse sollte nicht zu schnell erfolgen, da sonst wichtige Schritte auf dem Weg zu dieser distanzierten Position ausgelassen werden könnten. Das Konzept der Schuld hat – teilweise durch die Rezeption von Karl Jaspers berühmtem Essay und teilweise durch die Vielzahl der Gesten und öffentlichen Bekundungen in der »Ära der Entschuldigung« – eine zentrale Rolle für das Selbstverständnis Nachkriegsdeutschlands und bei der Herausbildung einer europäischen Identität gespielt. Mit der Definition von moralischer, rechtlicher, politischer und metaphysischer Schuld lieferte Jaspers eine klare Sprache, um die Verheerungen zu beschreiben, die das Böse in der Welt anrichtet. Es lohnt sich zweifellos, die Kategorie des Traumas und das Posttraumatische Stresssyndrom heranzuziehen, um unsere Realität besser verstehen zu können, aber wir müssen vermeiden, den Kontext der moralischen Schuld und des Bösen zu beseitigen, da dies die Fundamente der politischen Nachkriegskultur Europas untergraben und wichtige Unterscheidungen im gegenwärtigen Krieg verwischen würde.

Der potentiell antagonistische Charakter der Opferrolle

Das Konzept des Traumas birgt das Risiko, das ethische Fundament unserer Gesellschaften einschneidend zu verändern, indem es die Frage der moralischen Handlungsmacht und des Bösen in den Hintergrund drängt. Aber um die Risiken wirklich verstehen zu können, müssen wir uns die Frage stellen, wie sich das Konzept des Traumas auf die gesellschaftliche und politische Konstruktion der moralischen Verurteilung auswirkt. Während das Konzept des Traumas entwickelt wurde, um eine vorschnelle moralische Verurteilung zu vermeiden, kann die Politik des Traumas ein Klima erzeugen, in dem moralische Urteile mit voller Wucht zuschlagen. Bei dieser Politik geht es um die Auseinandersetzung über die Frage, welche Gruppe mehr Empathie aufgrund ihres Leids in der Vergangenheit verdient. Zur Veranschaulichung könnte man sagen, dass die Soldaten, die sich im Ersten Weltkrieg weigerten zu töten, mit dem Konzept des Traumas bewaffnet heute keine passiven Adressaten von Anschuldigungen von Feigheit und Betrug wären, sondern Akteure, welche die andere Seite beschuldigen könnten, ihr Leid zu missachten. Das zeigt, dass sich die Opferrolle, die einst vernachlässigt und delegitimiert wurde, in der Politik des Traumas in etwas Wünschenswertes verwandelt hat, in etwas Erstrebenswertes, das einen Anspruch auf gesellschaftliche Anerkennung begründen und die soziale Hierarchie samt ihren symbolischen, rechtlichen und finanziellen Determinanten verändern kann.

Die Politik des Traumas kann auf verschiedene Arten funktionieren, von der Verbreitung von Zeugenberichten über die Vorlage von Beweismaterial bis zur Forderung nach Entschädigungen. Wie sie auf emotionaler Ebene funktioniert, hat der amerikanische Philosoph William Miller beschrieben. Er erklärt, dass die Hierarchie in unseren pluralistischen, einem raschen Wandel unterworfenen Gesellschaften unter Einsatz komplexer Bündel von Emotionen unentwegt umgestaltet wird. Eine dieser Emotionen ist die Geringschätzung, die abhängig von der Situation sehr verschiedene Bedeutungen haben kann und von der ironischen Gleichgültigkeit gegenüber einer bestimmten Person oder Gruppe bis zu einer Kombination von Hass, Schrecken und Abscheu reicht.[166] Jedenfalls ist die Geringschätzung Miller zufolge die emotionale Essenz der interpersonalen Hierarchie. Zudem kann die Geringschätzung in mindestens zwei Richtungen zielen. Da ist zunächst die »normale« Geringschätzung gegenüber jenen, von denen angenommen wird, sie nähmen in der menschlichen »Hackordnung« einen niedrigeren Rang ein: weniger gebildete und ärmere Personen, aber auch Mitglieder der eigenen Gruppe, die jedoch jünger, weniger erfahren, weniger kompetent sind. Die zweite Form von Geringschätzung zielt auf Menschen, die einen höheren Rang in der Hierarchie einnehmen können. Dies ist die Geringschätzung, die »Teenager gegenüber Erwachsenen, Frauen gegenüber Männern, Bedienstete gegenüber Herrschaften, Arbeitnehmer gegenüber Chefs, Juden gegenüber Christen, Schwarze gegenüber Weißen, Ungebildete gegenüber Gebildeten empfinden und so weiter. [...] Der Schwarze, der Jude, die Frau, der Teenager, die Arbeitskraft können einen untergeordneten Status haben, aber das bedeutet nicht, dass ihre Unterlegenheit denselben Charakter hat. Jede Unterdrückung hat ihre eigene Geschichte und ihre lokalen Regeln. Außerdem kann man manchen Bedingungen der Unterlegenheit (etwa der Adoleszenz) leichter entkommen, während man in anderen gefangen ist.«[167]

Manchmal halten in einer Gesellschaft jene mit höherem Status und jene mit niedrigerem Status einander in Schach, weshalb ihre Position in der sozialen Struktur im Wesentlichen unverändert bleibt. Es gibt jedoch auch Zeiten, in denen eine bestimmte Gruppe versucht, in der Hierarchie aufzusteigen. Oft stellt sie dazu die Methoden und Richtungen wieder her, in denen Geringschätzung empfunden, legitimiert und artikuliert wird, denn die Geringschätzung zählt zu den zutiefst moralischen Empfindungen und ist damit verknüpft, wie wir Missbilligung erfahren und äußern. In Bezug auf Opfer, Traumata und moralische Missbilligung hat unsere Kultur in den vergangenen hundert Jahren eine verwirrende Kehrtwende vollzogen. Am Beginn dieses Prozesses galten Traumaopfer als schwach und unzuverlässig und nahmen folglich einen niedrigen Rang in der sozialen Hierarchie ein. Heute wird die mit dem Opferstatus verbundene Schwäche als Stärke betrachtet. Wie kam es zu dieser Veränderung?

William Miller beschreibt zwei Strategien, die jene, die einen niedrigeren Rang in der sozialen Hierarchie einnehmen, im Kampf um eine bessere Position anwenden können. Beide Strategien haben mit moralischen Empfindungen und Urteilen zu tun. Die erste besteht darin, die Höhergestellten mit der Begründung bloßzustellen, dass sie, obwohl sie sich auf spezifische moralische Werte berufen, zumindest einem davon nicht gerecht werden. Um das zu veranschaulichen, können wir uns die Arbeit der amerikanischen Bürgerrechtsbewegung und der LGBTQ+-Gemeinschaft ansehen. Eines der von diesen Bewegungen vorgebrachten Argumente lautet, dass die Hüter der Demokratie zwar Werte wie Gleichheit und Menschenrechte vertreten, jedoch außerstande sind, das Leid jener Gruppen zu sehen, denen nicht die gleichen Rechte wie allen anderen zugestanden werden.

Die zweite Strategie besteht darin, den Gegner der Lächerlichkeit preiszugeben: Die Rituale, Bräuche und Regeln jener an der Spitze der sozialen Hierarchie werden als lächerlich, sinnlos und leer dargestellt. Beide Strategien können miteinander kombiniert werden. Am bedeutsamsten ist jedoch der Einsatz des moralischen Urteils: Personen, die eine bestimmte Sozialmoral vertreten, werden als Heuchler dargestellt, die unfähig sind, sich soziales Wissen über das Leid der anderen anzueignen; sie werden verurteilt als Leute, die selbst die größte Abscheu wecken, unfähig zu Empathie sind und eine unkritische Selbstgefälligkeit an den Tag legen. Historisch wurden Klasse und sozialer Rang zuerst attackiert, und später wurde die Kritik auf Hierarchien ausgeweitet, die sich auf Rasse, Ethnizität, Geschlecht, psychische und geistige Behinderungen, sexuelle Orientierung und eine Vielzahl anderer Kategorien stützten. Dieser Prozess ging mit der Geburt der neuen Identitätspolitik einher. Aus unserer Sicht bedeutsam ist, dass diesen Personen gleichzeitig aus moralischem Blickwinkel vorgeworfen wird, einen wesentlichen Bestandteil der Realität nicht zu sehen. Es wird eine neue, andersartige soziale Hierarchie vorgeschlagen, die das in diesem politischen Spiel vorgeschlagene Wissen berücksichtigt, was zur Anerkennung bestimmter Opfer und zu ihrer Aufnahme in die soziale Hierarchie auf einer neuen Position führt.

Eine solche Verschiebung der Hierarchie findet auch in den mittel- und osteuropäischen Gesellschaften statt, und zwar in mindestens zweierlei Hinsicht. Die erste Verschiebung hängt mit dem Krieg in der Ukraine zusammen. Finnland, die baltischen Staaten, Polen, Rumänien und andere Länder nutzten die Zeit nach dem russischen Angriff am 24. Februar 2022 nicht nur, um über die Traumata der Vergangenheit zu sprechen, sondern auch, um sich regional darüber auszutauschen (man nehme Selenskyjs Warnung vor der Appeasement-

Politik und einem »neuen München«)[168] und zu zeigen, dass sie vollwertige Mitglieder des Westens sind und über Wissen verfügen, das auch jenseits der Grenzen ihrer geographischen Region relevant ist. In den Geschichten, die ihre Vertreter erzählten, waren die Schilderung der Vergangenheit und die Relevanz dieses Zeugnisses für die Gegenwart ebenso wichtig wie das Argument, dass sie nicht mehr wie »Juniorpartner« des Westens behandelt werden wollen, die unablässig aufholen müssen, um die westlichen Standards zu erfüllen. Die Einzigartigkeit des Wissens und die Definition der Situation, die diese Länder beitragen können, werden als Belege dafür angeführt, dass sie vollkommen gleichwertig sind und nicht länger wie in der Vergangenheit danach streben müssen, sich dem Westen anzunähern.

Es gibt jedoch auch eine zweite Manifestation der Trauma-Politik. Diese kann dort beobachtet werden, wo ihre populistische Natur das Trauma in den Dienst des Vorhabens stellt, die nächste Wahl zu gewinnen. In solchen Erklärungen dient der Krieg in der Ukraine nicht als Beweis für eine Interpretation, sondern als ein weiteres Argument, um die Anerkennung ihrer einzigartigen Rolle auf der internationalen Bühne und in der Geschichte durchzusetzen.[169]

Mit dem Konzept des Traumas haben Gesellschaften ihre Fähigkeit erneuert, weitreichende Darstellungen der Vergangenheit zu entwickeln, die sowohl politischen Zwecken dienen als auch identitätsbildend sind. Dies ist ein zweischneidiges Schwert. Die Konzentration auf das Trauma und die posttraumatische Souveränität ist zu begrüßen, solange sie dazu dient, Wissen über die möglichen Risiken zu verbreiten und spezifische oder sogar dysfunktionale Merkmale der Politik einiger Länder zu erklären. Aber sie richtet Schaden an, wenn sich herausstellt, dass die Beschäftigung mit Traumata das Nachdenken über Werte verhindert, einen gefährlichen Wettbewerb zwischen Opfern darüber auslöst, welches Trauma schwerer wiegt, Ressentiments sowie den Wunsch weckt, das Leid anderer zu übertreffen. Und das alles geschieht ungeachtet der moralischen und politischen Entscheidungen bestimmter Personen und sozialer Gruppen.

Das Ideal unserer Kultur ist seit Jahrhunderten nicht Passivität, sondern Aktivität. Das zeigt sich in der Philosophie der Emotion, dank deren Leid und Schmerz inzwischen einen zentralen Platz in der politischen und gesellschaftlichen Diskussion einnehmen. Von Augustinus bis zu Spinoza erklärten Philosophen, unsere Gefühle einschließlich des Leids seien lediglich ein passives Empfinden und eine passive Interpretation der Welt und der Handlungen anderer Menschen. Das gelte so lange, bis wir eine Kenntnis der Werte, eine Definition von Gut und Böse und ein Verständnis der Tugend entwickeln. Wenn uns das gelingt, haben wir nach Einschätzung dieser Philosophen die Chance, eine aktive Haltung einzunehmen.

Die Anerkennung der posttraumatischen Souveränität als gesellschaftliches Phänomen und intellektuelles Problem ist nur der Anfang. Rund um die dramatischen Erfahrungen der Geschichte sind politische Mythen entstanden. Allein im 20. Jahrhundert haben sich in Ostmitteleuropa die tragischen Ereignisse gehäuft und eine ungeheure Zahl von Menschen verlor gewaltsam und vorzeitig ihr Leben. Politiker haben es in der Hand, Traumata auszuwählen, auf die sie Bezug nehmen wollen. Politiker entscheiden, wie sie diese traumatischen Erfahrungen interpretieren wollen. In der Ära der Identitätspolitik ist dies eine wirksame politische Waffe. In Mittel- und Osteuropa kann sie sowohl im Dienst der Aussöhnung als auch zum Schüren von Feinseligkeiten eingesetzt werden.

Epilog
Das Rashōmon-Moment

In den Tagen des russisch-ukrainischen Kriegs bewegt die posttraumatische Einstellung zur Souveränität die Staaten Ostmitteleuropas dazu, sich zusammenzuschließen und die Ukraine zu unterstützen. Der Konsens zwischen ihnen beruht auf gemeinsamen Erfahrungen, die sie ähnlich interpretieren. Länder außerhalb der Region können den Eindruck gewinnen, dass das politische Narrativ in Mittel- und Osteuropa gegenwärtig einheitlich und kohärent ist. Doch dieser Eindruck täuscht.

Andere Konfigurationen und Interpretationen der eigenen Geschichte sind möglich, und seit der offenen Aggression Russlands gegen die Ukraine ist die posttraumatische Einstellung zur Souveränität in den Vordergrund getreten. Dennoch wollen wir abschließend eine vorsichtige Einordnung dieser wichtigsten Deutungen vornehmen. Die posttraumatische Souveränität in Ostmitteleuropa ist Teil eines größeren Ganzen, ein Fragment des globalen Narrativs vom Krieg.

Anfang der fünfziger Jahre erregte der japanische Streifen *Rashōmon* weltweit Aufsehen. In dem international gefeierten Schwarzweißfilm von Akira Kurosawa erzählen mehrere Personen die Geschichte eines Überfalls auf einen Samurai und seine Frau. Die Personen werden eine nach der anderen zu Erzählern und schildern die Ereignisse unterschiedlich. Im Verlauf des Films stellt sich heraus, dass die verschiedenen Versionen einer Vergewaltigung und eines brutalen Mordes nicht miteinander in Einklang gebracht werden können. So wird in Frage gestellt, ob es überhaupt möglich ist, festzustellen, was wirklich geschehen ist.

Die Botschaft des preisgekrönten Films – dass es einen Konflikt gibt zwischen verschiedenen Narrativen über scheinbar klare Ereignisse – drängt sich nach mehr als 18 Monaten Krieg in der Ukraine einmal mehr auf.

Im Februar 2023 veröffentlichte das *Wall Street Journal* einen Bericht über informelle Gespräche zwischen dem französischen Präsidenten Emmanuel Macron, dem deutschen Kanzler Olaf Scholz und dem ukrainischen Präsidenten Wolodymyr Selenskyj in Paris. Macron und Scholz drängten Selenskyj nach Darstellung des *WSJ*, offen für die Möglichkeit von Friedensgesprächen mit Russland zu sein, da einige westliche Partner wachsende Zweifel an der Fähigkeit der Ukrainer hatten, sämtliche von Russland besetzten Gebiete zurückzuerobern.[170] Andere Länder schätzten die Lage vollkommen anders ein. Beispielsweise legte der britische Premierminister Rishi Sunak fast zur selben Zeit, als Selenskyj Paris und Berlin besuchte, einen Entwurf für eine Vereinbarung vor, die der Ukraine umfassenden Zugang zu modernsten Waffen, Munition und militärischer Ausrüstung geben sollte, damit sie sich auch nach dem Ende des Kriegs verteidigen könnte.[171]

In der Ukraine, in Polen und den baltischen Ländern stießen die Vorstöße Frankreichs und Deutschlands auf Skepsis und weckten den Verdacht, Westeuropa verfolge egoistische Ziele und verstehe Russland nicht. Die Nachbarländer Russlands befinden sich in ständiger geopolitischer Anspannung. Sie fürchten sich davor, dass weitere Raketen auf ihrem Territorium niedergehen werden. Sie befürchten, die Bereitschaft des Westens zur Unterstützung der Ukraine könne schwinden. Ihre Regierungen betrachten sich zu Recht oder Unrecht als strategische Drehscheibe für die globale politische und militärische Unterstützung der Ukraine. Hingegen scheinen sie sich weniger Gedanken über die Konsequenzen eines möglichen Zusammenbruchs von Putins Regime zu machen. Im Grunde wünschen sie sich wie die Ukrainer eine politische und militärische Schwächung Russlands.

Bei der Beschreibung der posttraumatischen Souveränität in Ostmitteleuropa muss man berücksichtigen, dass sie mit gegensätzlichen Erzählungen, ja mit einer gewissen Kakophonie der Deutungen einhergeht. Wie könnte sie also hilfreich sein? Um das zu verstehen, müssen wir uns zunächst ein Bild von der gegenwärtigen Situation machen, indem wir uns die verschiedenen Narrative zum Krieg in der Ukraine der Reihe nach ansehen, ohne uns auf die zuvor erwähnten Beispiele zu beschränken. Neben der auf der posttraumatischen Souveränität beruhenden Darstellung gibt es noch vier zentrale Narrative zum Krieg gegen die Ukraine, und diese Interpretationen entwickeln sich laufend weiter. Je nachdem, welches Narrativ sich durchsetzt, wird sich das Szenario sowohl auf lokaler als auch auf globaler Ebene sehr unterschiedlich entwickeln.[172]

Von dem antiken Dichter Archilochos stammt folgende berühmte Aussage: »Der Fuchs weiß viele Dinge, aber der Igel weiß ein großes Ding.« Das Zitat ist über die Jahrhunderte hinweg von zahlreichen Denkern interpretiert worden. Das berühmteste Beispiel findet sich gleich zu Beginn des Essays »Der Igel und der Fuchs« von Isaiah Berlin.

Wir können das Zitat heranziehen, um den Unterschied zwischen den Haltungen Westeuropas und Ostmitteleuropas zu dem offenen Krieg zu erklären, der am 24. Februar 2022 von Russland entfesselt wurde. Rufen wir uns einmal mehr in Erinnerung, was der westeuropäische Fuchs seit Kriegsausbruch weiß: Er weiß, dass Wladimir Putin diesen Krieg vom Zaun gebrochen hat und dass er der Logik einer furchtbaren Maschinerie von Menschenrechtsverletzungen gehorcht. Allerdings weiß der westeuropäische Fuchs auch, welche Folgen eine Ausweitung dieses Kriegs über das Territorium der Ukraine hinaus haben könnte: Sie könnte tödlich für die westliche Welt sein. Und der westeuropäische Fuchs weiß, welche Kosten dieser Krieg den demokratischen Gesellschaften auferlegt, was das Importverbot für russisches Erdgas die europäischen Bürger kostet und wie gefährlich es wäre, die NATO in einen Krieg mit Russland und möglicherweise sogar mit China zu verwickeln.

Also wägen die Westeuropäer die Risiken ab und suchen nach Konsenslösungen. Die Konsequenzen eines

Versuchs, Russland »in die Knie zu zwingen«, wären unkalkulierbar, und insbesondere würde der Einsatz von Atomwaffen drohen, vor dem Präsident Macron gewarnt hat.[173]

Russland zählt seit Jahrhunderten zu den Großmächten. Die Haltung des Westens scheint zu sein, dass Russland bewiesen hat, dass es in der Lage ist, die schlimmsten Rückschläge zu überleben. Wir sollten uns vor der naiven Erwartung hüten, dies werde sich plötzlich ändern. Es wird angenommen, dass sich möglicherweise Interessengruppen in Russland mobilisieren werden, um die Machthaber dazu zu bewegen, eine zivilisierte Politik zu betreiben und sich an die Spielregeln zu halten. Schließlich ist schwer vorstellbar, dass sich die Vernunft nicht auch im Kreml letzten Endes durchsetzen wird.

Von diesen Annahmen gehen die Westeuropäer bei der Einordnung dieses Krieges aus. Aus der jüngsten Rede Emmanuel Macrons auf der Globsec-Konferenz in Bratislava sowie aus den klaren Äußerungen von Olaf Scholz bei einer SPD-Veranstaltung könnte man schließen, dass sich seit Kriegsausbruch im Westen vieles geändert hat.

Entscheidend ist jedoch, inwieweit sich die neue Denkweise durchsetzt und inwieweit die alten Gewohnheiten zurückkehren. In den anderthalb Jahren, die seit Kriegsbeginn vergangen sind, haben Paris und Berlin ihre Haltung in Bezug auf Waffenlieferungen und eine EU-Mitgliedschaft der Ukraine wesentlich geändert. Die Positionen der europäischen Staaten haben sich zweifellos einander angenähert. Doch in Fragen wie jener, was ein Sturz des Putin-Regimes bedeuten würde, kommen Meinungsverschiedenheiten zum Vorschein. Die westeuropäischen Länder scheinen ein Chaos in Russland mehr zu fürchten als seine Nachbarländer (wie sich im Juni 2023 während der sogenannten Prigoschin-Rebellion gegen Putin zeigte).[174]

Eine Ergänzung zu diesem Ergebnis finden wir in einem Interview mit CIA-Chef William Burns. Gestützt auf die von den amerikanischen Geheimdiensten gesammelten Erkenntnisse ist er zu dem Schluss gelangt, dass der Kreml jetzt eine Verlängerung des Krieges für vorteilhaft hält, da er glaubt, der Westen leide unter einem »Konzentrationsmangel« und die westlichen Gesellschaften würden des weit entfernten Kriegs schließlich überdrüssig werden.[175]

Zweites Narrativ: ... und der ukrainische Igel

Der ukrainische Igel weiß nur eines: Im Fall einer Kapitulation oder einer Niederlage in diesem Krieg droht ihm die völlige Auslöschung. Und nicht nur die Ukrainer denken so. Viele mittel- und osteuropäischen Länder, die im Zweiten Weltkrieg vom deutsch-sowjetischen Nichtangriffspakt betroffen waren – von Finnland über die baltischen Staaten und Polen bis zu Rumänien und Moldau –, teilen diese Einschätzung.[176] Für viele in der Region überraschend haben die Vereinigten Staaten und einige andere Länder angesichts der erfolgreichen Verteidigung der Ukraine begonnen, die dortigen Streitkräfte in ihrem Abwehrkampf massiv zu unterstützen. (Anfangs war das keineswegs klar. Die amerikanische Regierung hatte Präsident Selenskyj zunächst angeboten, ihm bei der Flucht aus Kiew zu helfen.)

Die Unterstützer sind sich darin einig, dass Russland der Aggressor und die Ukraine das Opfer ist. Doch die Ostmitteleuropäer unter ihnen betrachten diesen Krieg nicht als ein Ereignis, sondern als einen Prozess. Die militärische Aggression begann nicht im Jahr 2022, sondern vor mehr als 20 Jahren in Tschetschenien. Das brutale Vorgehen 2008 in Georgien war ein weiteres Beispiel. Dem offenen Angriffskrieg gegen die Ukraine 2022 gingen die völkerrechtswidrige Annexion der Krim im Frühjahr 2014 und die gewaltsame Destabilisierung des Donbas durch moskautreue »Separatisten« während der vergangenen acht Jahre voraus. Der osteuropäische Igel warnt, dass Wladimir Putin versucht, die imperiale Einflusssphäre der Sowjetunion wiederherzustellen, wobei er das Selbstbestimmungsrecht anderer Völker mit Füßen tritt und ihre Menschenrechte verletzt.

Aus dieser Perspektive gibt es keine andere Möglichkeit als einen militärischen Sieg über Russland. Jeglicher Kompromiss mit Putins Staat wäre nur eine vorübergehende Lösung. Selbst wenn eine vorläufige Friedenslösung erreicht würde, der Kampf würde früher oder später von neuem beginnen oder Russland weitere Länder in der Region angreifen. Die Trennlinie zwischen Krieg und Frieden mag undeutlich sein, wie die Beispiele Estlands und Moldaus zeigen (vgl. Kapitel 2). Zum anderen kann es keinen Frieden mit Putins aggressivem Regime geben. Diese Interpretation versteht man, wenn man die Natur des Igels betrachtet. Zwar haben die Ukraine oder Ostmitteleuropa im Allgemeinen keine Beweise für die Unmöglichkeit von Friedensgesprächen. Doch diese Länder besitzen eine tief verwurzelte historische Erfahrung mit dem russischen Imperialismus, der diese Region wiederholt heimgesucht hat, was jedes Mal mit Mord, Vergewaltigung, Verschleppung von Kindern und Folter einherging.[177]

Im Licht dieses Narrativs bedarf es eines entscheidenden militärischen Siegs auf dem Schlachtfeld, da Russland nur die Sprache der Stärke versteht. Für dieses Szenario sind sogar detaillierte Pläne entworfen worden.[178] Beobachter in Mittel- und Osteuropa sehen in einer Art von »Aufteilung« von Putins Staat, der wie Deutschland im Jahr 1945 in kleinere Teile zerlegt werden könnte, die einzige Garantie für einen dauerhaften Weltfrieden. Diese Lösung klingt nur gut, wenn man außer Acht lässt, was getan werden müsste, um Russland eine solche Niederlage zuzufügen. Schließlich war die Teilung Deutschlands nach dem Zweiten Weltkrieg mit der völligen Zerstörung des Landes und dem Tod zigtausender Zivilisten verbunden.

Drittes Narrativ: »Eine Sache ist sicher: Sie werden nicht sagen: Belgien fiel in Deutschland ein.« Die russische Darstellung

In ihrem Essay »Wahrheit und Politik« erklärt Hannah Arend, die Wahrheit der Fakten müsse respektiert werden – und sei es auch nur in einem Mindestmaß –, damit die Politik nicht in einer Gruppe von Parallelwelten, sondern in einer gemeinsamen Welt stattfinden könne. Zur Veranschaulichung erzählt sie eine gleichermaßen lehrreiche und amüsante Anekdote. »Am Ende der zwanziger Jahre, so wird berichtet, wurde Clemenceau von einem Vertreter der Weimarer Republik gefragt, was künftige Historiker wohl über die damals sehr aktuelle und strittige Kriegsschuldfrage denken werden. ›Das weiß ich nicht‹, soll Clemenceau gesagt haben, ›aber eine Sache ist sicher, sie werden nicht sagen: Belgien fiel in Deutschland ein.‹«[179]

Wir haben festgestellt, dass die Länder, die durch eine posttraumatische Souveränität geeint sind, allen Unterschieden zum Trotz Einfluss auf das übrige Europa nehmen können. Doch für andere Teile der Welt gilt das nicht. Es lohnt sich darauf hinzuweisen, dass die Clemenceau-Anekdote, deren Botschaft jahrzehntelang unanfechtbar war, in der Auseinandersetzung mit der russischen Propagandamaschine ihre Wirkung verliert. Bekanntlich bezeichnet Wladimir Putin den Angriffskrieg gegen die Ukraine nur als »militärische Spezialoperation«. Er stellt Russland als Opfer einer koordinierten westlichen Aggression dar und bezeichnet die Ukrainer als gewalttätige Nazis. In Putins Geschichtsbild geschah das größte Unglück in der Geschichte seines Landes im Jahr 1991, als die Sowjetunion zerfiel und Russland obendrein seine frühere Einflusssphäre verlor. Im Jahr 2022 musste Russland dieser Darstellung zufolge Maßnahmen zur Selbstverteidigung gegen einen zu erwartenden militärischen Angriff des »kollektiven Westens« ergreifen, so als müsse es erneut einen napoleonischen Feldzug oder einen Angriff Nazideutschlands abwehren.

Aus Kreml-Sicht haben die Völker Ostmitteleuropas keinen Anspruch auf eine ernsthafte Diskussion über ihre Selbstbestimmung, da diese »de facto« zu einer Ausweitung der amerikanischen Einflusssphäre führen würde. Demnach gab es in der Welt stets nur Imperien und den irrelevanten Rest der Nationen. Jeder neue Antrag eines Landes auf Aufnahme in die NATO bestätigt lediglich, dass diese Länder unter die Fittiche der unersättlichen Vereinigten Staaten schlüpfen wollen.

In dieser Darstellung der Kriegsgründe besteht die einzig vernünftige Lösung für den gegenwärtigen Konflikt darin, die Ukraine militärisch zu besiegen, sodass Russland wieder seine Position als geopolitische Macht in Nachfolge der Sowjetunion einnehmen kann. Aus Sicht Moskaus kann nur so das Kräftegleichgewicht in einer instabilen Welt wiederhergestellt werden. Angesichts von Russlands gegenwärtigen Ressourcen könnte die Folge ein endloser eingefrorener, tatsächlich jedoch sehr heißer Krieg in der Ukraine sein, der schrittweise zur völligen Zerstörung des Landes führen würde. Von außen betrachtet mag es nicht so aussehen, aber die Situation innerhalb Russlands ist nicht stabil, und Wladimir Putins Macht ist unteilbar, was sich am kurzen, aber bedenklichen Marsch auf Moskau zeigt, den Jewgeni Prigoschin im Juni 2023 organisierte. (Schließlich zog der Rebell die vom Kreml verbreitete Darstellung des Kriegs in Zweifel.)[180] Es sollte erwähnt werden, dass die innere Auseinandersetzung in Russland einiges darüber verriet, was die Meinungsführer über Ostmitteleuropa denken. (Die Propagandasendung »Ein Abend mit Wladimir Solowjow« im Staatsfernsehen *Rossija 1* begann mit der Klage des Gastgebers über einen »furchtbaren Tag«. Später schimpfte der Propagandist über Wagner: »Und was tun sie? Sie marschieren, aber nicht nach Kiew, nicht nach Lwiw, nicht nach Warschau, sondern nach Moskau!«)[181]

Viertes Narrativ: Ein Krieg der Weißen. Der Globale Süden

Wie zu dem Verbrechen in *Rashōmon* gibt es auch zum Krieg in der Ukraine eine vierte Geschichte, die rund um den Erdball verbreitet wird. In diesem Narrativ tragen in Europa »die Weißen« ihren Krieg untereinander aus, dessen Konsequenzen die Hilfsbedürftigen in aller Welt zu spüren bekommen werden. Demnach sollte die Diskussion über die Schuldfrage beendet werden, um das Problem möglichst rasch zu lösen.

Auf der Münchner Sicherheitskonferenz im Jahr 2023 drückte die Ministerpräsidentin von Namibia, Saara Kuugongelwa-Amadhila, diese Einschätzung besonders deutlich aus. Ihre Forderung nach einer raschen, friedlichen Lösung fand ein großes Echo.[182] »Wir setzen uns für eine friedliche Beilegung dieses Konflikts ein«, erklärte sie, »damit sämtliche Ressourcen der Welt zur Verbesserung der Lebensbedingungen von Menschen in aller Welt eingesetzt werden können, anstatt in den Erwerb von Waffen, in die Tötung von Menschen und in die Erzeugung von Feindseligkeiten investiert zu werden.« Auf die Frage, warum sich Namibia in den Vereinten Nationen in der Abstimmung über den Krieg der Stimme enthalten habe, sagte Kuugongelwa-Amadhila: »Wir konzentrieren uns darauf, das Problem zu lösen [...], nicht darauf, die Schuld zuzuweisen.« Sie wies auch auf mögliche Einsatzgebiete für das Geld hin: Es könne verwendet werden, um »in der Ukraine, in Afrika, in Asien, an anderen Orten und in Europa selbst, wo viele Menschen unter Entbehrungen leiden, die Entwicklung zu fördern«.

Erklärter Pazifismus, die Sorge um die Opfer und die geographische Distanz zum Epizentrum des Kriegs geben einem Narrativ Gestalt, das dem der westlichen Länder gegenübergestellt wird. In einem neueren Bericht des European Council on Foreign Relations wird die Bedeutung der »globalen öffentlichen Meinung« hervorgehoben, die den Krieg ganz anders einschätze als die westliche Welt.[183]

In diesem Kontext muss auch Chinas Haltung erwähnt werden. Die teils verdeckte, teils offene Unterstützung Pekings für Russland könnte man so deuten, dass China dem Narrativ des Kreml zustimmt, in Wahrheit aber schwankt China zwischen der dritten und vierten Interpretation. Erstens spielt Peking seine eigenen Stärken aus und versucht Russlands Fall vermeiden, denn dieser würde China zum einzigen ernstzunehmenden militärischen Rivalen der Vereinigten Staaten machen. Zweitens betrachtet China die USA offen als Kriegspartei – eine Deutung, die in vielen Teilen der Welt als vernünftig gilt. Langfristig könnte dies zu tiefen Missverständnissen zwischen Europa und dem gesamten Westen auf der einen und dem Rest der Welt auf der anderen Seite führen. Der globale Schwerpunkt würde sich in Richtung China verschieben.

Das Kind

Wie wir gesehen haben, begründet die posttraumatische Einstellung der Mittel- und Osteuropäer zur Souveränität nur eine von mehreren möglichen Interpretationen der gegenwärtigen Ereignisse. Die Gegensätze zwischen den internationalen Narrativen zum Krieg gegen die Ukraine verursachen gravierende Probleme. Es bedarf direkter Beziehungen und der Kunst der Diplomatie, um die Spannungen zwischen ideologischen Widersachern zu verringern, die Atomwaffen besitzen. Diese Lehre schienen wir aus dem Kalten Krieg im 20. Jahrhundert gezogen zu haben. Voraussetzungen für einen Abbau der Spannungen sind jedoch der Wille zur Entspannungspolitik und Verantwortungsbewusstsein, und an beidem scheint es derzeit vielerorts zu mangeln.

Überall auf der Welt machen die Menschen traumatische Erfahrungen. Die Wissenschaft zeigt uns, dass Traumata rund um den Erdball Teil der menschlichen Erfahrung und der Lebenswirklichkeit sind. Es ist wichtig zu verstehen, dass Politiker traumatische Erfahrungen ihrer Völker gezielt auswählen und interpretieren, um sie in den Dienst der Aussöhnung oder der Konfrontation zu stellen. Vergangene Verbrechen können als Ausgangspunkt für Heilung und Versöhnung interpretiert werden, oder die Erinnerung daran kann eingesetzt werden, um vermeintlich unüberbrückbare Gegensätze zu beschwören. Die Konsequenzen dieser politischen Entscheidungen sind nicht zweitrangig, sondern wirken sich direkt auf uns als Bürger aus. Deshalb ist es so wichtig, die Zusammenhänge zwischen dem Wissen über Traumata und der modernen Politik zu verstehen.

In Kurosawas *Rashōmon* führt die Unmöglichkeit, eine einzige Wahrheit über Mord und Vergewaltigung zu finden, zu zusehends gewalttätigen Auseinandersetzungen. Lügen mischen sich mit dem eigennützigen Wunsch nach einem Monopol auf die Wahrheit. Schließlich ermöglicht es die Sorge um die kommenden Generationen, die im Film von einem kleinen Kind verkörpert werden, den Glauben an die Menschlichkeit wiederherzustellen. Da die posttraumatische Souveränität mit einem Gefühl der Fragilität einhergeht und dem Narrativ der Einflusssphären widerspricht, kann sie als Grundlage für eine wertorientierte und von Grausamkeit freie Einschätzung nicht nur des Kriegs in der Ukraine, sondern der Weltpolitik als solcher dienen. Und sie kann unser Verständnis der für den Westen oft schwer nachvollziehbaren Entscheidungen der mittel- und osteuropäischen Länder vertiefen. Doch dazu muss dieses Wissen verbreitet werden.

Danksagung

Wir möchten uns bei den Menschen bedanken, ohne deren Hilfe und Unterstützung dieses Buch nie geschrieben worden wäre. Leyla Alieva, Othon Anastasakis, Anne Applebaum, Marieluise Beck, Paul Betts, Pierre Buhler, Goran Buldioski, Roger Cohen, Christian Delage, Maria Fernanda Espinosa, Norman Davies, Ralf Fücks, Erin Ganju, Tomasz Giaro, Anna Giza, Bernard Guetta, Timothy Garton Ash, Irene Hahn-Fuhr, Pierre Hazan, Hubert Izdebski, Agnieszka Jasiewicz-Betkiewicz, Adam Józefiak, Sylvie Kaufmann, Katarzyna Kasia, Padraic Kenney, Ivan Krastev, Martin Krygier, Ewa Łętowska, Margaret MacMillan, Harsh Mander, Rainald Manthe, Wolfgang Merkel, Yascha Mounk, Kumi Naidoo, Rolf Nickel, Kalypso Nicolaïdis, Nathalie Nougayrède, Martha Nussbaum, Christine Ockrent, Nataliya Parshchyk, Helle Porsdam, Andrii Portnov, Jan Slaby, Dariusz Szpoper, Katharina Raabe, Andrzej Rapaczyński, Thomas Simons, Marci Shore, Gerhard Schnyder, Timothy Snyder, Tomasz Stawiszyński, Tomasz Terlikowski, Ivan Vejvoda, Marek Wąsowicz, Andrzej Waśkiewicz, Jan Zielonka sowie die Teams der Robert Bosch Academy, des Zentrums Liberale Moderne, von *Kultura Liberalna* und des Sonderforschungsbereichs Affective Societies an der Freien Universität Berlin haben das Konzept des Essays kommentiert, Entwürfe einzelner Kapitel oder des gesamten Buchs gelesen, Kommentare dazu abgegeben und Kritik geäußert, oder haben uns auch auf andere Weise unterstützt. Tim Schneider von der *New York Times*, Katherine Butler vom *Guardian*, Nina Apin von der *Tageszeitung*, Andreas Breitenstein von der *Neuen Zürcher Zeitung* und Manfred Sapper von der Zeitschrift *Osteuropa* gaben Artikel in Auftrag, die den Ausgangspunkt für diese Untersuchung bildeten. Henning Hoff und Martin Bialecki von *Internationale Politik* baten uns um einen Essay über die verschiedenen Interpretationen des Kriegs, und auf dieser Arbeit beruhen unsere Schlussfolgerungen in diesem Buch. Marc Plattner, Will Dobson und das übrige Redaktionsteam des *Journal of Democracy* als auch das Redaktionsteam des Journals *East European Politics and Societies and Cultures* halfen uns dabei, ein klareres Bild von der Rolle der Emotionen in der Politik zu gewinnen.

Während unserer Tätigkeit am Wissenschaftskolleg zu Berlin, am Institut für die Wissenschaften vom Menschen in Wien, an den Universitäten Oxford und Warschau führten wir viele Gespräche, die in dieses Buch eingeflossen sind. Cornelius Ochmann, Krzysztof Rak, Joanna Czudec, Kaja Puto und das Team der Stiftung für Deutsch-Polnische Zusammenarbeit gewährten uns ein Forschungsstipendium, das wir brauchten, um das Buch fertigzustellen.

Großen Dank schulden wir Paweł Śpiewak, unserem Professor an der Universität Warschau, der im Jahr

2023 verstarb, als wir dieses Buch schrieben. Er lehrte uns, kompromisslos zu denken.

Dies ist unser erstes Buch in deutscher Sprache, das wir mit großzügiger Unterstützung von Katharina Raabe beim Suhrkamp Verlag veröffentlichen, die, wie auch der Übersetzer Stephan Gebauer, Offenheit, Flexibilität und Geduld mit uns bewiesen hat. Wir danken ihnen für ihren Einsatz.

Schließlich danken wir unseren wunderbaren Söhnen Tomasz und Michał, die immer öfter Diskussionspartner sind und uns dazu inspirieren, über die Zukunft unserer gemeinsamen Welt nachzudenken.

Anmerkungen

1 Reinhart Koselleck, *Zeitschichten. Studien zur Historik*, Frankfurt a.M. 2002, S. 68.

2 Arte-Reportage: »Taiwan: Von der Ukraine lernen«, https://www.arte.tv/de/videos/108803-000-A/taiwan-von-der-ukraine-lernen/, abgerufen am 19. Januar 2023.

3 Anders Fogh Rasmussen, Anne-Marie Slaughter, David Petraeus, Lee Hsi-min, Graham Allison, Rose Gottemoeller, Elisabeth Braw, Craig Singleton, Chris Krebs, Tai Ming Cheung, Maria Shagina, Mauro Gilli und Vance Serchuk, »Lessons for the Next War«, in: *Foreign Policy*, 5. Januar 2023, https://foreignpolicy.com/2023/01/05/russia-ukraine-next-war-lessons-china-taiwan-strategy-technology-deterrence/, abgerufen am 19. Januar 2023.

4 Timothy Snyder, *Bloodlands: Europa zwischen Hitler und Stalin*, München 2014.

5 Stefan Wagstyl, »After 1989: How five eastern Europeans saw their lives change«, in: *Financial Times*, 3. Oktober 2019, https://www.ft.com/content/32da2fb8-e4a4-11e9-9743-db5a370481bc, abgerufen am 19. Januar 2023.

6 Ivan Krastev und Stephen Holmes, *Das Licht, das erlosch: Eine Abrechnung*, Berlin 2019.

7 Karolina Wigura und Jarosław Kuisz, »America thinks the war is about Ukraine: Russia's neighbors disagree«, in: *New York Times*, 25. März 2022, https://www.nytimes.com/2022/03/25/opinion/nato-russia-poland-europe.html, abgerufen am 27. Juni 2023.

8 »Estonian PM Kaja Kallas: ›Our neighbor's problems today are our problems tomorrow‹«, in: *Daily Motion*, https://www.dailymotion.com/video/x8ab1zz, abgerufen am 19. Januar 2023.

9 Politiker in Estland und Slowenien haben ihre Unterstützung für eine Flugverbotszone auf unterschiedliche Art bekundet. Vgl. https://news.err.ee/1608523316/defense-minister-personally-i-support-a-no-fly-zone-over-ukraine, sowie https://twitter.com/JJansaSDS/status/1496735679509934083, abgerufen am 24. Januar 2023.

10 »Lithuania's prime minister, Ingrida Simonyte, says Russia's invasion was predictable«, in: *The Economist*, 2. März 2022, https://www.economist.com/by-invitation/2022/03/02/lithuanias-pri

me-minister-ingrida-simonyte-says-russias-invasion-was-predictable, abgerufen am 24. Januar 2023.

11 »Rede von Präsidentin von der Leyen zur Lage der Union 2022«, 14. September 2022, Europäische Kommission (Hervorhebung im Original), https://ec.europa.eu/commission/presscorner/detail/de/speech_22_5493

12 *Stroud's Judicial Dictionary.*

13 Bessel van der Kolk, *Verkörperter Schrecken: Traumaspuren in Gehirn, Geist und Körper und wie man sie heilen kann*, Lichtenau 2015, S. 32.

14 Didier Fassin/Richard Rechtman, *Empire of Trauma: An Inquiry into the Condition of Victimhood*, Princeton 2009.

15 Für eine eingehendere Auseinandersetzung mit diesem Thema vgl. Karolina Wigura und Jarosław Kuisz (Hg.), *The End of Liberal Mind: Poland's New Politics*, Warschau 2020.

16 Bernd Riegert, »EU split on visa ban for Russians«, *Deutsche Welle*, 29. August 2022, https://www.dw.com/en/eu-split-on-visa-ban-for-russians/a-62964726, abgerufen am 24. Januar 2023.

17 Die finnische Ministerpräsidentin Sanna Marin: »Es ist nicht richtig, dass Russen zur selben Zeit, da Russland einen [...] brutalen Angriffskrieg in Europa führt, als Touristen [...] durch Europa reisen können.« Vgl. »Finland and Estonia urge EU to stop issuing tourist visas to Russians«, in: *Financial Times*, 9. August 2022. »Hört auf, Russen Touristenvisa auszustellen«, schrieb die estnische Ministerpräsidentin Kaja Kallas am 9. August 2022 auf Twitter. »Europa zu besuchen ist ein Privileg, kein Menschenrecht. Der Flugverkehr aus Russland ist eingestellt. Das bedeutet, während die Schengen-Staaten Visa ausstellen, tragen Russlands Nachbarländer die Last – als einzige Zugangsstellen.« Der rumänische Außenminister Bogdan Aurescu erklärte, die Europäische Union solle ein Einreiseverbot über russische Touristen verhängen und nur Dissidenten und Personen aufnehmen, bei denen es humanitäre Gründe dafür gebe. Vgl. »›Tourism is not a fundamental right‹: Romanian minister backs EU ban on Russian tourists«, *RadioFreeEurope RadioLiberty*, 30. August 2022.

18 »Finland and Estonia urge EU to stop issuing tourist visas to Russians«, in: *Financial Times*, 9. August 2022.

19 *À l'Est, combien d'Europe(s)? – Le dessous des cartes*, ARTE (Magazin, 18. Oktober 2021), https://www.youtube.com/watch?v=Qxl9D1Zuq5E

20 Jarosław Kuisz, »Czy centrum Europy naprawdę przesuwa się na Wschód?«, in: *Interia Wydarzenia*, https://wydarzenia.interia.pl/felietony/news-czy-centrum-europy-naprawde-przesuwa-sie-na-wschod,nId,6724935, abgerufen am 26. Juni 2023.

21 Sylvie Kauffmann, »Now could be Poland's moment – but it needs to play by the rules«, in: *Financial Times*, 16. Dezember 2022, https://www.ft.com/content/ba574a3f-c039-432e-8111-84a5adaba, abgerufen am 24. Januar 2023.

22 Elahe Izadi und Paul Farhi, »How an anonymous source raised false alarm of Russian strike on Poland«, in: *Washington Post*, 17. November 2022, https://www.washingtonpost.com/media/2022/11/17/russian-missile-poland-correction/, abgerufen am 24. Januar 2023.

23 Karolina Wigura und Jarosław Kuisz, »The missile strike has ignited visceral fear in Poland, and poses hard questions for Nato«, in: *The Guardian*, 16. November 2022, https://www.theguardian.com/commentisfree/2022/nov/16/missile-strike-poland-nato-allies, abgerufen am 24. Januar 2023.

24 Jon Henley, »Missile that hit Poland likely came from Ukraine defences, say Warsaw and Nato«, in: *The Guardian*, 16. November 2022, https://www.theguardian.com/world/2022/nov/16/poland-president-missile-strike-probably-ukrainian-stray

25 Holly Ellyatt, »The missile strike has ignited visceral fear in Poland, and poses hard questions for Nato«, CNBC, 16. November 2022, https://www.cnbc.com/2022/11/16/nato-says-poland-missile-strike-was-not-deliberate-or-ukraines-fault.html, abgerufen am 24. Januar 2023.

26 Till Fähnders, Gerhard Gnauck, Thomas Gutschker, Friedrich Schmidt und Reinhard Veser, »Eine Rakete erschüttert die Nato«, in: *Frankfurter Allgemeine Zeitung*, 17. November 2022.

27 »Rakieta pod Bydgoszczą, Biały Dom zabiera głos«, in: *Onet*, 12. Mai 2023, https://wiadomosci.onet.pl/swiat/rakieta-pod-bydgoszcza-bialy-dom-zabiera-glos/4s1texh, abgerufen am 27. Juni 2023.

28 Małgorzata Rusek, »Wojsko, policja i strażacy przeszukiwali lasy po tajemniczym wybuchu pod Radomiem: Czy to kolejna rakieta?«, in: *Gazeta Wyborcza*, 26. Juni 2023, https://radom.wyborcza.pl/radom/7,48201,29908747,wybuch-pod-radomiem-wojsko-policja-i-strazacy-przeszukiwali.html, abgerufen am 27. Juni 2023.

29 Tim Lister u. a., »World leaders hold emergency meeting as ›Russian-made‹ missile kills two in Poland«, CNN, 16. November 2022,

https://edition.cnn.com/2022/11/15/europe/poland-missile-rocket-nato-przewodow-ukraine-intl/index.html, abgerufen am 24. Januar 2023.

30 Wladimir Putin, »Über die historische Einheit der Russen und der Ukrainer«, 12. Juli 2021, http://en.kremlin.ru/events/president/news/66181, abgerufen am 27. Juni 2023. Deutsch in: Der Geist der Zeit. Kriegsreden aus Russland (= OSTEUROPA 71. Jg./7-2021), S. 58.

31 Andrew Roth, »Russia issues list of demands it says must be met to lower tensions in Europe«, in: *The Guardian*, 17. Dezember 2021, https://www.theguardian.com/world/2021/dec/17/russia-issues-list-demands-tensions-europe-ukraine-nato, abgerufen am 27. Juni 2023.

32 Robyn Dixon und Paul Sonne, »Russia broadens security demands from West, seeking to curb U.S. and NATO influence on borders«, in: *Washington Post*, 17. Dezember 2021, https://www.washingtonpost.com/world/2021/12/17/ukraine-russia-military/, abgerufen am 27. Juni 2023.

33 Olesya Khromeychuk, »Putin says Ukraine doesn't exist: That's why he's trying to destroy it«, in: *New York Times*, 1. November 2022, https://www.nytimes.com/2022/11/01/opinion/ukraine-war-national-identity.html, abgerufen am 27. Juni 2023.

34 »Putin: Soviet collapse a ›genuine tragedy‹«, NBC News, 25. April 2005, https://www.nbcnews.com/id/wbna32057, abgerufen am 1. Juni 2023.

35 Vgl. z. B. Margaret MacMillan, *Paris 1919: Six Months That Changed the World*, New York 2003.

36 K. Ruchniewicz, »A breakthrough and a new opening: Polish-German relations at the turn of 1980s and 1990s«, in: *Śląski Kwartalnik Historyczny Sobótka*, LXXVI (2021), 2, S. 8. – Derselbe: https://forumdialog.eu/2018/07/09/die-deutsch-polnischen-beziehungen-1918-1939/ Vgl. auch: Rudolf Jaworski: Deutsch-polnische Feindbilder 1918-1932, in: Wolfgang Jacobmeyer (Hg.): *Die deutsch-polnischen Beziehungen*, Braunschweig 1985, S. 177-193.

37 Donald Bloxham, *The Final Solution: A Genocide*, Oxford 2009.

38 »Deshalb ist es so wichtig, alle Ziele der militärischen Spezialoperation zu erreichen. Wir müssen die Grenzen, die unser Land bedrohen, so weit wie möglich zurückdrängen, selbst wenn es die Grenzen Polens sind«, erklärte Medwedew. Andrew Osborn, Caleb Davis, »Medvedev floats idea of pushing back Poland's borders«, Reuters,

24. Februar 2023, https://www.reuters.com/world/europe/russias-medvedev-floats-idea-pushing-back-polands-borders-2023-02-24/, abgerufen am 27. Juni 2023.

39 Diese Behauptung war falsch. Völkerrechtlich steht die Souveränität der Staaten, die nach dem Zerfall der Sowjetunion entstanden sind, außer Zweifel. China pflegt seit Jahren bilaterale diplomatische Beziehungen zu diesen Ländern. Die Länder sind Mitglieder der Vereinten Nationen und haben deren Charta unterschrieben. In Artikel 2 der UN-Charta heißt es: »Die Organisation beruht auf dem Grundsatz der souveränen Gleichheit aller ihrer Mitglieder.« Vgl. Romain Geoffroy, Dorian Jullien und Lu Shaye, »China's ambassador to France, has a history of controversial comments«, in: *Le Monde*, 25. April 2023: https://www.lemonde.fr/en/les-decodeurs/article/2023/04/25/lu-shaye-the-chinese-ambassador-to-france-has-a-history-of-controversial-comments_6024246_8.html, abgerufen am 27. Juni 2023.

40 P. Wintour, »Baltic states condemn China envoy's remarks over sovereignty of ex-Soviet nations«, in: *The Guardian*, 23. April 2023, https://www.theguardian.com/world/2023/apr/23/france-and-baltic-states-condemn-china-envoy-remarks-over-ukraine-sovereignty, abgerufen am 27. Juni 2023.

41 R. Greenall, »China disowns ambassador's remarks questioning Ukrainian independence«, *BBC World Service*, 24. April 2023, https://www.bbc.com/news/world-europe-65373191, abgerufen am 27. Juni 2023.

42 S. McCarthy, »Chinese ambassador sparks European outrage over suggestion former Soviet states don't exist«, *CNN World*, 25. April 2023, https://edition.cnn.com/2023/04/24/china/china-ambassador-lu-shaye-baltic-soviet-states-europe-intl-hnk/index.html

43 Krzysztof Jóźwiak, »Jak Prusacy zniszczyli polskie insygnia koronacyjne«, in: *Rzeczpospolita*, 14. Oktober 2017, https://www.rp.pl/historia/art80971-jak-prusacy-zniszczyli-polskie-insygnia-koronacyjne, abgerufen am 27. Juni 2023.

44 Christopher Clark, *Preußen: Aufstieg und Niedergang 1600-1947*, München 2007, S. 276.

45 Tim Blanning, *»Glanz und Größe«: Der Aufbruch Europas 1648-1815*, München 2022, S. 816.

46 Vgl. Serhii Plokhy, *Lost Kingdom: A History of Russian Nationalism from Ivan the Great to Vladimir Putin*, London 2018.

47 Ebd., S. 71f.

48 Tim Blanning, *Friedrich der Große: König von Preußen: Eine Biographie*, München 2018, S. 360.

49 Erst im Lauf der Zeit begannen Maler, Zeichner, Dichter und Romanciers den Geschehnissen einen künstlerischen Ausdruck zu geben. Es wurden Versuche unternommen, die »Grablegung des Vaterlandes«, das »Grab des Vaterlands« und dergleichen in Gemälden, Radierungen und Zeichnungen darzustellen. Manchmal wurden auch ambitioniertere Vorhaben in Angriff genommen. Beispielsweise entschloss sich im Jahr 1798 ein Aristokrat, einen polnischen »Tempel des Gedenkens« zu errichten, der den Ruinen des Tempels der Vesta in Tivoli nachempfunden war und offenkundig der Erinnerung an den verlorenen Staat dienen sollte.

50 Peter Clarke, *Hope and Glory: Britain 1900-2000*, London 2004, S. 188.

51 Ian Kershaw, *Höllensturz: Europa 1914-1949*, München 2016, S. 473.

52 Neujahrsansprache des Präsidenten der Republik, Sauli Niinistö, am 1. Januar 2023, https://www.presidentti.fi/en/speeches/president-of-the-republic-sauli-niinistos-new-years-speech-on-1-january-2023/, abgerufen am 24. Januar 2023.

53 Es ist erwähnenswert, dass die Band den Text im Jahr 2022 aktualisierte: »Now listen to my heart / It says Ukraine, waiting for the wind to change.«

54 Richard Milne, Kaja Kallas: »There is a certain naivety towards Russia«, in: *Financial Times*, 18. Februar 2022, https://www.ft.com/content/098ba985-1284-46c6-9abe-f626fa9e47f0, abgerufen am 24. Januar 2023.

55 Euan O'Byrne Mulligan, »Putin did not show willingness to end Ukraine war during call, French official says«, in: *The Guardian*, 12. März 2022, https://www.theguardian.com/world/2022/mar/12/putin-did-not-show-willingness-to-end-ukraine-war-during-call-french-official-says, abgerufen am 14. Juni 2023. Vgl. auch: Carlotta Gall und Matina Stevis-Gridneff, »On a trip shrouded in secrecy, 3 European leaders travel to Kyiv to offer support«, in: *New York Times*, 15. März 2022, https://www.nytimes.com/2022/03/15/world/europe/european-leaders-ukraine-trip.html, abgerufen am 14. Juni 2023.

56 »What is known about Litvinenko's fatal poisoning«, Deutsche Welle, 11. April 2021, https://www.dw.com/en/poison-spies-and-businessmen-the-litvinenko-murder-case-15-years-on/a-59910692, abgerufen am 14. Juni 2023.

57 Die prorussische Haltung der von Viktor Orbán geführten ungarischen Regierung ist eine interessante Ausnahme. Es lohnt sich, daran zu erinnern, dass dieser Politiker in der Regel ideologische Sympathie für den russischen Präsidenten zeigt (Illiberalismus) und enge wirtschaftliche Beziehungen zu Moskau pflegt. Dazu kommt, dass sich Orbán vor Jahren entschloss, das nationale Trauma des »Friedensdiktats von Trianon«, das die Teilung Ungarns nach dem Ersten Weltkrieg besiegelte, zur Grundlage seiner Politik zu machen. Die Ursache dieses Traumas wird eher im Westen als im Osten gesehen. Vgl. Paul Lendvai, *Orbáns Ungarn*, Wien 2016.

58 »Chat: From Venus to Mars: Can Europe Hold the Line?«, Emmanuel Macron im Gespräch mit Róbert Vass, Forum GLOBSEC 2023, 31. Mai 2023, https://www.youtube.com/watch?v=sLgzyrMQUGE, abgerufen am 15. Juni 2023; Niederschrift zugänglich unter: »Discours de clôture du Président de la République au Forum GLOBSEC«, https://pl.ambafrance.org/Discours-de-cloture-du-President-de-la-Republique-au-Forum-GLOBSEC, abgerufen am 15. Juni 2023.

59 Tom de Waal, »World: Europe ›Dual attack‹ killed president«, BBC, 21. April 1999, http://news.bbc.co.uk/2/hi/europe/325347.stm, abgerufen am 15. Juni 2023.

60 Jan Fusiecki, »W Warszawie będzie rondo Dżochara Dudajewa«, in: *Gazeta Wyborcza*, 18. März 2005, https://warszawa.wyborcza.pl/warszawa/7,34882,2607797.html, abgerufen am 15. Juni 2023.

61 John B. Dunlop, *Russia Confronts Chechnya: Roots of a Separatist Conflict*, Cambridge 1998.

62 Łukasz Gadzała, »Mit wyprawy gruzińskiej Lecha Kaczyńskiego«, in: *Rzeczpospolita*, 23. März 2020, https://www.rp.pl/opinie-polityczno-spoleczne/art651-lukasz-gadzala-mit-wyprawy-gruzinskiej-lecha-kaczynskiego, abgerufen am 15. Juni 2023.

63 »Baltic, Polish Leaders Call for Stronger Western Support for Georgia«, in: *Civil*, 13. August2008, https://civil.ge/archives/117053, abgerufen am 15. Juni 2023.

64 »Baltic, Polish Leaders Call for Stronger Western Support for Georgia«, in: *Civil*, 13. August 2008, https://civil.ge/archives/117053, abgerufen am 15. Juni 2023.

65 »Wizyta Prezydenta RP w Gruzji«, offizielle Website des polnischen Staatspräsidenten, https://www.prezydent.pl/kancelaria/archiwum/archiwum-lecha-kaczynskiego/aktualnosci/rok-2008/wizyta-prezydenta-rp-w-gruzji,26753,archive, abgerufen am 15. Juni 2023.

66 »Baltic, Polish Leaders Call for Stronger Western Support for Georgia«, in: Civil, 13. August 2008, https://civil.ge/archives/117053, abgerufen am 15. Juni 2023.

67 Ian Traynor, »Russia accused of unleashing cyberwar to disable Estonia«, in: *The Guardian*, 17. Mai 2007, https://www.theguardian.com/world/2007/may/17/topstories.russia

68 Der estnische Verteidigungsminister Jaak Aaviksoo warnte: »Die NATO definiert Cyberattacken nicht klar als militärische Aktionen. Das bedeutet, dass die Bestimmungen in Artikel V des Nordatlantischen Bündnisses, das heißt die Bestimmung über die Verpflichtung zur kollektiven Selbstverteidigung, nicht automatisch auf das angegriffene Land angewandt werden.« Ian Traynor, »Russia accused of unleashing cyberwar to disable Estonia«, in: *The Guardian*, 17. Mai 2007, https://www.theguardian.com/world/2007/may/17/topstories.russia, abgerufen am 15. Juni 2023.

69 Wladimir Putin, »Speech and the Following Discussion at the Munich Conference on Security Policy«, http://en.kremlin.ru/events/president/transcripts/24034, abgerufen am 15. Juni 2023.

70 Jacek Lepiarz, »Monachium: Putin atakuje Zachód, Gates nie chce zimnej wojny«, in: WP.PL, https://wiadomosci.wp.pl/monachium-putin-atakuje-zachod-gates-nie-chce-zimnej-wojny-6037809759474817a, abgerufen am 15. Juni 2023.

71 Presseabteilung der finnischen Regierung, Rede von Ministerpräsidentin Sanna Marin in der Parlamentsdebatte am 15. März 2022, https://valtioneuvosto.fi/en/-/10616/speech-delivered-by-prime-minister-sanna-marin-at-parliament-s-topical-debate-on-15-march-2022, abgerufen am 20. Juni 2023.

72 Alys Davies, »Finland's Sanna Marin says Europe would be in trouble without US«, in: BBC News, 2. Dezember 2022, https://www.bbc.com/news/world-europe-63838350, abgerufen am 20. Juni 2023.

73 Pjotr Sauer, »›There will be no way back‹: Will war change Finland's pragmatic approach to Russia?«, in: *The Guardian*, 21. April 2022, https://www.theguardian.com/world/2022/apr/21/there-will-be-no-way-back-will-war-change-finlands-pragmatic-approach-to-russia, abgerufen am 20. Juni 2023.

74 Pjotr Sauer, »›There will be no way back‹: Will war change Finland's pragmatic approach to Russia?«, in: *The Guardian*, 21. April 2022, https://www.theguardian.com/world/2022/apr/21/there-will-be-no-way-back-will-war-change-finlands-pragmatic-approach-to-russia, abgerufen am 20. Juni 2023.

75 David Mac Dougall, »Zelenskyy in Finland: ›This year will be decisive for victory‹«, in: *Euronews*, 3. Mai 2023, https://www.euronews.com/2023/05/03/ukraines-president-zelenskyy-makes-surprise-visit-to-finland-for-nordic-summit, abgerufen am 20. Juni 2023.

76 Susanne Nies, *Les États baltes, une longue dissidence*, Paris 2004, S. 5.

77 So sehen es nicht nur die baltischen Länder. Beispielsweise erklärte EU-Kommissionschef Jose Barroso anlässlich der Aufnahme Lettlands in die Eurozone: »Unsere Union ist nicht nur eine wirtschaftliche Union, sondern auch eine Gemeinschaft, die auf Solidarität, Verantwortung und dem Streben nach Frieden und Gerechtigkeit beruht.« Vgl. »Remarks by President Barroso on the occasion of Latvia's euro entry«, https://ec.europa.eu/commission/presscorner/detail/en/SPEECH_14_7, abgerufen am 20. Juni 2023.

78 Marek Menkiszak, »Russia's blackmail of the West«, Centre vor Eastern Studies (OSW), 20. Dezember 2001, https://www.osw.waw.pl/en/publikacje/analyses/2021-12-20/russias-blackmail-west, abgerufen am 20. Juni 2023.

79 Annette Langer, »Die junge Generation ist bereit, unser Land zu verteidigen«, Interview mit Dalia Grybauskaite, in: *Der Spiegel*, 19. Juni 2018, https://www.spiegel.de/politik/ausland/litauen-praesidentin-dalia-grybauskaite-im-interview-a-1212292.html, abgerufen am 20. Juni 2023.

80 Mark Galeotti, »The Baltic States as Targets and Levers: The Role of the Region in Russian Strategy«, Marshall Center, April 2019, https://www.marshallcenter.org/en/publications/security-insights/baltic-states-targets-and-levers-role-region-russian-strategy-0, abgerufen am 20. Juni 2023.

81 »Send NATO, Latvia asks Merkel«, in: *dw.com*, 18. August 2014, https://www.dw.com/en/latvia-asks-merkel-for-greater-nato-presence-in-baltic/a-17861456

82 Mark Galeotti, »The Baltic States as Targets and Levers: The Role of the Region in Russian Strategy«, Marshall Center, April 2019, https://www.marshallcenter.org/en/publications/security-insights/baltic-states-targets-and-levers-role-region-russian-strategy-0, abgerufen am 20. Juni 2023; sowie Joanna Hyndle-Hussein, »The Baltic states on the conflict in Ukraine«, Centre vor Eastern Studies (OSW), 23. Januar 2015, https://www.osw.waw.pl/en/publikacje/osw-commentary/2015-01-23/baltic-states-conflict-ukraine, abgerufen am 20. Juni 2023.

83 Shaun Walker, »Russia jails Estonian intelligence officer Tallinn says was abducted over border«, in: *The Guardian*, 19. August 2015, https://www.theguardian.com/world/2015/aug/19/russia-jails-estonian-police-officer-allegedly-abducted-border-eston-kohver, abgerufen am 20. Juni 2023.

84 Die Unabhängigkeit der baltischen Staaten hing von Anfang an mit ihrer Abhängigkeit von russischer Energie zusammen. Eine Erfahrung verdeutlicht das. Eine der Bedingungen für den Eintritt Litauens in die EU war die Schließung des Atomkraftwerks Ignalina (RMBK-Reaktoren wie jener, der die Katastrophe von Tschernobyl verursacht hatte, mussten geschlossen werden). Diese Entscheidung hatte jedoch dramatische Auswirkungen, da die Schließung des AKW Litauen von Energielieferungen aus Russland abhängig machte. »Es ist paradox«, erklärte Rimvydas Valatka, der stellvertretende Herausgeber der litauischen Tageszeitung *Lietuvos Rytas*, im Jahr 2009. »Vor Jahren war der Kampf für die Schließung des Atomkraftwerks ein wichtiger Bestandteil unseres Kampfs für die Unabhängigkeit. Es ging darum, uns vom Sowjetimperium zu lösen. Und jetzt werden wir durch die Schließung vollkommen abhängig von Russland.« Robert Mickiewicz, Katarzyna Zuchowicz, »Litwa żegna elektrownię w Ignalinie«, in: *Rzeczpospolita*, 31. Dezember 2009, https://www.rp.pl/swiat/art806811-litwa-zegna-elektrownie-w-ignalinie, abgerufen am 20. Juni 2023.

85 »Rail Baltica: Linking nations, people, nations«, https://www.railbaltica.org/, abgerufen am 20. Juni 2023.

86 Andrew Wilson, *Belarus: The Last European Dictatorship*, New Haven 2021.

87 »Belarus president Lukashenko in his own words«, Reuters, 27. November 2012, https://www.reuters.com/article/us-belarus-lukashenko-extracts-idUSBRE8AQ0V520121127, abgerufen am 21. Juni 2023.

88 Artyom Shraibman, »Why Lukashenko has recognized Crimea as Russian territory«, Carnegie Endowment for International Peace, 8. Dezember 2021, https://carnegiemoscow.org/commentary/85944, abgerufen am 21. Juni 2023.

89 Luke Harding, »Belarus protests show no sign of fading as 100,000 turn out in Minsk«, in: *The Guardian*, 6. September 2020, https://www.theguardian.com/world/2020/sep/06/belarus-protests-100000-turn-out-in-minsk-alexander-lukashenko, abgerufen am 21. Juni 2023.

90 Jakub Biernat, »Russia no longer wants to subsidize Belarus«, in: *Obserwator Finansowy*, 27. November 2018, https://www.obserwa

torfinansowy.pl/in-english/russia-no-longer-wants-to-subsidize-belarus/, abgerufen am 21. Juni 2023.

91 Elizabeth Schumacher, »Russian companies divert oil from Belarus«, Deutsche Welle, 31. Dezember 2019, https://www.dw.com/en/russian-companies-divert-oil-from-belarus-amidst-deal-impasse/a-51846284, abgerufen am 21. Juni 2023.

92 Mikhail Bushuev, Alexandra Boguslavskaya, »Belarus and Russia: Dependency at a price«, Deutsche Welle, 7. Dezember 2019, https://www.dw.com/en/minsk-and-moscow-dependency-has-its-price/a-51572952, abgerufen am 21. Juni 2023.

93 Guy Faulconbridge, »Russia moves ahead with deployment of tactical nukes in Belarus«, Reuters, 26. Mai 2023, https://www.reuters.com/business/aerospace-defense/russia-belarus-sign-document-tactical-nuclear-weapon-deployment-belarus-2023-05-25/, abgerufen am 21. Juni 2023.

94 »Ukraine, Russian Federation, United Kingdom of Great Britain and Northern Ireland and United States of America: Memorandum on security assurances in connection with Ukraine's accession to the Treaty on the Non-Proliferation of Nuclear Weapons«. Budapest, 5. Dezember 1994, https://treaties.un.org/doc/Publication/UNTS/Volume%203007/Part/volume-3007-I-52241.pdf, abgerufen am 21. Juni 2023.

95 William J. Broad, »Ukraine Gave Up a Giant Nuclear Arsenal 30 Years Ago. Today There Are Regrets«, in: *New York Times*, 5. Februar 2022, https://www.nytimes.com/2022/02/05/science/ukraine-nuclear-weapons.html, abgerufen am 21. Juni 2023.

96 Speech by the President of Ukraine at the 58th Munich Security Conference. https://www.president.gov.ua/en/news/vistup-prezidenta-ukrayini-na-58-j-myunhenskij-konferenciyi-72997, abgerufen am 15. August 2023.

97 Patrick Wintour, »Memory of 1938 hangs heavy in Munich as Ukrainian president calls for action«, in: *The Guardian*, 20. Februar 2022, https://www.theguardian.com/world/2022/feb/20/memory-of-1938-munich-ukrainian-president-zelenskiy-russia, abgerufen am 21. Juni 2023.

98 *The World Ahead 2022*, Sonderausgabe von *The Economist*.

99 Lisa O'Carroll, »Zelenskiy hails ›powerful support‹ for Ukraine at Moldova summit«, in: *The Guardian*, 1. Juni 2023, https://www.theguardian.com/world/2023/jun/01/zelenskiy-pleads-for-security-guarantees-for-ukraine-and-moldova, abgerufen am 20. Juni 2023.

100 »Rosja zaatakuje Mołdawię? Szef wywiadu: planują to na 2023 rok«, in: PolskieRadio24.pl, 18. Dezember 2022, https://polskieradio.pl/5/1223/artykul/3089890,rosja-zaatakuje-moldawie-szef-wywiadu-planuja-to-na-2023-rok, abgerufen am 20. Juni 2023.

101 »Prezydent Mołdawii z wizytą u Marszałek Sejmu«, https://www.sejm.gov.pl/sejm.nsf/komunikat.xsp?documentId=D2C67CA48F861821C125888000031A2E5, abgerufen am 20. Juni 2023.

102 Denis Dyomkin, »Putin says Romania, Poland may now be in Russia's cross-hairs«, Reuters, 27. Mai 2016, https://www.reuters.com/article/us-russia-europe-shield-idUSKCN0YI2ER, abgerufen am 22. Juni 2023.

103 Cristian Stefanescu, »How Russia's Ukraine invasion impacted southeastern Europe«, https://www.dw.com/en/how-russias-ukraine-invasion-impacted-southeastern-europe/a-64794817, Deutsche Welle, 23. Februar 2023, abgerufen am 22. Juni 2023.

104 Karolina Wigura und Jarosław Kuisz, »The missile strike has ignited visceral fear in Poland, and poses hard questions for Nato«, in: *The Guardian*, 16. November 2022, https://www.theguardian.com/commentisfree/2022/nov/16/missile-strike-poland-nato-allies

105 »Europe is struggling to rebuild its military clout«, in: *The Economist*, 13. Mai 2023, https://www.economist.com/europe/2023/05/07/europe-is-struggling-to-rebuild-its-military-clout

106 Charlie Campbell, »Romania's prime minister on how NATO can navigate this ›stark new reality‹«, in: *Time*, 23. März 2022, https://time.com/6159827/romania-nato-russia-nicolae-ciuca-interview/

107 Vgl. H. Foy, »Eastern Europe to confront Berlin over new Russian gas pipeline«, in: *Financial Times*, 29. November 2015, www.ft.com/content/eb1ebca-9514-11e5-ac15-0f7f7945adba

108 K. Szymański, »Russia's gas pipeline threatens European unity«, *Financial Times*, 21. Oktober 2016, www.ft.com/content/25a17928-96c3-11e6-a1dc-bdfd484582

109 Im Jahr 2015 gaben die Länder der Visegrad-Gruppe – die Tschechische Republik, Polen, Ungarn und die Slowakei – auf internationaler Ebene ihrer Sorge Ausdruck, fanden jedoch kein Gehör. Vgl. »Visegrad Group critical of Nord Stream pipeline, wants Commission to investigate«, in: *New Europe*, 16. März 2016, www.neweurope.eu/article/visegrad-group-critical-nord-stream-pipeline-wants-commission-investigate

110 Charlie Campbell, »Romania's prime minister on how NATO can navigate this ›stark new reality‹«, in: *Time*, 23. März 2022, https://

time.com/6159827/romania-nato-russia-nicolae-ciuca-inter view/

111 »Romania fears that whatever happens in Ukraine, it will end up more vulnerable«, in: *The Economist*, 22. März 2022, https://www.economist.com/europe/2022/03/22/romania-fears-that-whatever-happens-in-ukraine-it-will-end-up-more-vulnerable

112 »Wir sind besorgt über die Bedingungen einer Friedensregelung für die Ukraine«, erklärte ein rumänischer Diplomat, »denn diese Bedingungen werden allen Ländern in der Schwarzmeerregion auferlegt werden, darunter Rumänien.« https://www.economist.com/europe/2022/03/22/romania-fears-that-whatever-happens-in-ukraine-it-will-end-up-more-vulnerable

113 »Polish, Romanian gov't ministers meet for talks in Warsaw«, Polskie Radio, 3. März 2022, https://www.polskieradio.pl/395/7989/artykul/2912612,polish-romanian-gov%E2%80%99t-ministers-meet-for-talks-in-warsaw

114 Iwona Trusewicz, »Polska wspomogła Ukrainę swoim prądem«, in: *Rzeczpospolita*, 28. Juni 2023, https://energia.rp.pl/elektroener getyka/art667661-polska-wspomogla-ukraine-swoim-pradem, abgerufen am 28. Juni 2023.

115 UNHCR, »Ukraine Refugee Situation«, https://data.unhcr.org/en/situations/ukraine

116 Anastasia Lapatina, »Here at the Polish-Ukrainian border, I see nothing but humanity towards refugees«, in: *The Guardian*, 6. März 2022, https://www.theguardian.com/commentisfree/2022/mar/06/polish-ukrainian-border-humanity-refugees

117 Michel Foucault, »Diskussion vom 20. Mai 1978.« In: *Michel Foucault. Schriften in vier Bänden. Dits et Ecrits. Band IV 1980-1988*, Berlin 2020, S. 34.

118 Hier kann man an die bis 2022 vorherrschende Meinung in der deutschen Öffentlichkeit denken, wie eine vernünftige Politik gegenüber Russland auszusehen habe. Und wie die deutsche Russlandpolitik in Polen wahrgenommen wurde. Vgl. Rolf Nikel, *Feinde Fremde Freunde: Polen und die Deutschen*, München 2023.

119 Karolina Wigura und Jarosław Kuisz, »The pushback against populism: reclaiming the politics of emotion«, in: *Journal of Democracy* 31(2): 44-53, https://www.journalofdemocracy.org/articles/the-pushback-against-populism-reclaiming-the-past-in-europe/, abgerufen am 30. Juni 2023. – Vgl. dazu auch Rolf Nikel *Feinde. Freunde. Fremde: Polen und die Deutschen*, München 2023.

120 »Rede von Präsident Donald Tusk auf dem Athener Demokratieforum 2019«, Rede, Europäischer Rat, 9. Oktober 2019, https://www.consilium.europa.eu/de/press/press-releases/2019/10/09/speech-by-president-donald-tusk-at-the-athens-democracy-forum-2019/

121 Jürgen Habermas, »Eine Art Schadensabwicklung: Die apologetischen Tendenzen in der deutschen Zeitgeschichtsschreibung«, in: *Die Zeit*, Nr. 29, 11. Juli 1986. S. 40.

122 Martha Nussbaum, *Nicht für den Profit: Warum Demokratie Bildung braucht*, Überlingen 2012.

123 Leonard Mlodinow, *Emotional: The New Thinking about Feelings*, London 2022.

124 William Davies, *Nervöse Zeiten: Wie Emotionen Argumente ablösen*, München 2019.

125 Leszek Kołakowski, »Światopogląd XVII stulecia«, in: Leszek Kołakowski, *Filozofia XVII wieku: Francja, Holandia, Niemcy, Państwowe Wydawnictwo Naukowe* (Warschau: 1959), S. 7.

126 Aloysius P. Martinich, *Hobbes: A Biography*, New York 1999, S. 1-2; Oliver Lawson Dick, *Aubrey's Brief Lives*, New York 1949, S. 227.

127 »*Fama ferebat enim, sparsitque per oppida nostra / Extremum genti classe venire diem; / Atque metum concepit tunc mea mater / Ut pareret geminos meque metumque simul*« (Im Land breitete sich das Gerücht aus, dass der Tag des jüngsten Gerichts nahe sei, was meine Mutter so erschütterte, dass sie Zwillinge gebar: mich und die Furcht.) Thomas Hobbes, *The Life of Mr. Thomas Hobbes of Malmesbury, Written by Himself in a Latin Poem, and now Translated into English*, London 1680, S. 2.

128 Gefühlszustände wie Wut, Furcht, Liebe etc. subsumierten die Denker des 17. Jahrhunderts unter Begriffe wie Affekt, Leidenschaft, Erregung und Gemütsbewegung. Wir ersetzen sie durch den Metabegriff »Emotionen«. Das nivelliert zwar die Bedeutungsnuancen, doch eine detaillierte Darstellung der Unterschiede würde den Rahmen dieses Essays sprengen. Andere zeitgenössische Autoren haben sich ähnlich entschieden: So spricht Martha Nussbaum im Zusammenhang mit Aristoteles von Emotionen, obwohl Aristoteles selbst das Wort *pathé, pathos* verwendet, das mit Leidenschaften übersetzt wird (Vgl. Martha C. Nussbaum, *Political Emotions: Why Love Matters for Justice*, Boston 2015. Mehr über die Ursprünge verschiedener Konzepte zur Definition von Emotionen im 17. Jahrhundert: Karolina Wigura, *Wynalazek nowoc-*

zesnego serca. *Współczesne źródła myślenia o emocjach*, Warschau: 2019.

129 Thomas Hobbes, *Leviathan.* I, Kap, 13.

130 Mehr über die Geschichte des Konzepts der dominanten Emotion: Albert O. Hirschman, *Leidenschaften und Interessen. Politische Begründungen des Kapitalismus vor seinem Sieg*, Frankfurt a. M. 1987.

131 Norbert Elias, *Über den Prozess der Zivilisation: Soziogenetische und psychogenetische Untersuchungen*, Frankfurt a. M. 1976.

132 Montesquieu, *Der Geist der Gesetze.* Buch 21, Kap. 20. Zit. nach der 1799 in Wien bei Pauer erschienenen Ausgabe, die keinen Übersetzer nennt.

133 Alexis de Tocqueville, *Über die Demokratie in Amerika*, https://docplayer.org/48974167-Ueber-die-demokratie-in-amerika-alexis-de-tocqueville-1835-1841-originalsprache-franzoesisch.html

134 Alexis de Tocqueville, *Über die Demokratie in Amerika.* 1835. Zweiter Band, 3. Teil.

135 »Nine women accuse Israel Horovitz, playwright and mentor, of sexual misconduct«, in: *New York Times*, 30. November 2017, https://www.nytimes.com/2017/11/30/theater/israel-horovitz-sexual-misconduct.html; vgl. auch https://hiddenbrain.org/podcast/why-now/

136 Zit. nach Włodzimierz Borodziej, Maciej Górny, *Der vergessene Weltkrieg: Europas Osten 1912-1923.* Darmstadt 2018, Band I, Kap. 3, S. 152.

137 Benjamin Russell Butterworth, »What World War I taught us about PTSD«, in: *The Conversation*, 8. November 2018, https://theconversation.com/what-world-war-i-taught-us-about-ptsd-105613, abgerufen am 30. Juni 2023.

138 Didier Fassin/Richard Rechtman, *The Empire of Trauma: An Inquiry into the Condition of Victimhood*, Princeton 2009, S. 5.

139 Włodzimierz Borodziej, Maciej Górny, *Der vergessene Krieg: Europas Osten 1912-1923*, ebd.

140 Hobbes, *Elements of philosophy the first section, concerning body*, Kapitel XXV, London 1656, S. 303.

141 Sigmund Freud, *Jenseits des Lustprinzips*, Wien/Zürich 1921, S. 39.

142 American Psychiatric Association, *Diagnostic and Statistical Manual of Mental Disorders (DSM-III)*, 3. Aufl., 1980.

143 Didier Fassin/Richard Rechtman, *The Empire of Trauma: An Inquiry into the Condition of Victimhood*, S. 77.

144 Bessel van der Kolk, *Das Trauma in dir: Wie der Körper den Schre-*

cken festhält und wie wir heilen können, Berlin 2023. – William Davies, *Nervöse Zeiten: Wie Emotionen Argumente ablösen*, München 2019.

145 Vgl. z. B. einen Bericht über einen Messerangriff auf zwei Kinder in einer Berliner Schule: »Drei Notfallseelsorger waren im Einsatz, um sich um die Kinder und Lehrkräfte zu kümmern. Auch Kriseninterventionsteams und Schulpsychologen der Bildungsverwaltung waren vor Ort.« Dominik Mai, Robert Kiesel und Alexander Fröhlich, »Entsetzen über Messerattacke. Zwei Kinder an Neuköllner Schule schwer verletzt«, in: *Tagesspiegel*, 4. Mai 2023, S. 1.

146 Christopher Klein, »The Guillotine's First Cut«, August 2018, https://www.history.com/news/the-guillotines-first-cut

147 Ute Frevert, *Emotions in History – Lost and Found*, Budapest/New York 2011.

148 Stefan Tams, Pierre-Majorique Léger und Renaud Legoux, »Smartphone withdrawal creates stress: A moderated mediation model of nomophobia, social threat and phone withdrawal context«, in: *Computers in Human Behaviour*, Bd. 81, April 2018.

149 Didier Fassin / Richard Rechtman, *The Empire of Trauma: An Inquiry into the Condition of Victimhood*, S. 20.

150 Karl Jaspers, *Die Schuldfrage: Von der politischen Haftung Deutschlands*, Heidelberg 1946.

151 Jean Améry, *Ressentiments: Rede im Süddeutschen Rundfunk am 7. März 1966*, Hamburg 1995, S. 18.

152 Ebd., S. 10f.

153 Primo Levi, *Die Untergegangen und die Geretteten*, München 1993, S. 73.

154 Roy L. Brooks, »Age of Apology«, in: ders. (Hg.), *When Sorry Isn't Enough: The Controversy over Apologies and Reparations for Human Injustice*, New York 1999.

155 Dan Diner, *Cataclysms: A History of the Twentieth Century from Europe's Edge*, Madison 2008.

156 Jacques Derrida, *On Cosmopolitanism and Forgiveness*, London 2003.

157 Paul M. Hughes, »What is involved in forgiving?«, in: *Philosophia* 25 (1997), S. 33-49.

158 Hannah Arendt, Gershom Scholem, *Der Briefwechsel: 1939-1964*, Berlin 2010, S. 444.

159 Emmanuel Levinas, »Reading one«, in: ders., *Beyond the Verse: Talmudic Readings and Lectures*, London 2007.

160 Vgl. Suzanne Nies, *Les États baltes, une longue dissidence*, Paris 2004, S. 73f.

161 »Warszawa–Mariupol – miasta ruin, miasta walki, miasta nadziei«, https://www.prezydent.pl/aktualnosci/wydarzenia/wystawa-warszawa-mariupol,57241, abgerufen am 30. Juni 2023.

162 Vgl. z. B. Lyudmila Brus, »Friends of Mariupol in Estonia: Remembering last year's events«, https://www.linkedin.com/pulse/friends-mariupol-estonia-remembering-last-years-events-lyudmila-brus, abgerufen am 30. Juni 2023.

163 Cathy Caruth, »Trauma and Experience: Introdution«, in: dies. (Hg.), *Trauma: Explorations in Memory*, Baltimore/London 1995, S. 3-12.

164 »Ukrainian and Russian women carry cross together at Via Crucis in Rome«, in: *The New Voice of Ukraine*, 16. April 2022, https://english.nv.ua/nation/ukrainian-and-russian-women-carry-cross-together-at-via-crucis-in-rome-50234362.html, abgerufen am 24. Mai 2023.

165 Anna Matranga, »Pope Francis draws fire with plan to include Russian and Ukrainian families in Good Friday ›Way of the Cross‹ procession«, CBS, 13. April 2022, https://www.cbsnews.com/news/pope-francis-ukraine-russia-good-friday-way-of-the-cross-procession/, abgerufen am 30. Juni 2023.

166 William Ian Miller, *The Anatomy of Disgust*, Cambridge, Mass. 1997, S. 207.

167 Ebd.

168 Patrick Wintour, »Memory of 1938 hangs heavy in Munich as Ukrainian president calls for action«, in: *The Guardian*, 20. Februar 2022, https://www.theguardian.com/world/2022/feb/20/memory-of-1938-munich-ukrainian-president-zelenskiy-russia, abgerufen am 30. Juni 2023.

169 Gute Beispiele dafür sind Polen und Ungarn, wo die Politik unter populistischen Regierungen auf die Betonung historischer Traumata und einer außergewöhnlichen, heroischen Rolle ausgerichtet worden ist. Unter den Verbündeten der Ukraine zeigt insbesondere Polen ein solches messianisches Gesicht. Die politischen Vertreter des Landes beschwören nicht nur durchgängig, wie sehr die polnische Bevölkerung im Zweiten Weltkrieg sowohl unter Nazideutschland als auch unter der Sowjetunion gelitten hat. Wir wollen ausdrücklich betonen, dass die Erinnerung an dieses Leid vollkommen angebracht ist. Doch an der Politik der derzeitigen polnischen Regie-

rung fällt auf, dass sie die Hinweise auf dieses historische Trauma unablässig mit der gegenwärtigen Haltung des Ressentiments gegenüber einem großen Teil der Nachbarländer verbindet. Dieser Logik folgend, verlangt Polen hohe Reparationszahlungen von seinem westlichen Nachbarn Deutschland. Von seinem östlichen Nachbarn, der Ukraine, fordert es eine Entschuldigung für das Massaker in Wolhynien (es sei hinzugefügt, dass die Ukrainer offiziell um Verzeihung für dieses Massaker gebeten haben). Was die Beziehung zu Israel anbelangt, so wird die Einrichtung neuer Zentren für die Erforschung der polnischen Haltung gegenüber der jüdischen Bevölkerung im Zweiten Weltkrieg angekündigt, da die bisherigen Forschungsergebnisse als zu unvorteilhaft und daher unbefriedigend betrachtet werden.

170 Bojan Pancevski und Laurence Norman, »ATO's biggest European members float defense pact with Ukraine«, in: *Wall Street Journal*, 24. Februar 2023, https://www.wsj.com/articles/natos-biggest-european-members-float-defense-pact-with-ukraine-38966950, abgerufen am 30. Juni 2023.

171 Patrick Wintour, »Sunak urges Europe to use weapons stockpiles to help Ukraine war«, in: *The Guardian*, 18. Februar 2023, https://www.theguardian.com/world/2023/feb/18/eu-must-jointly-purchase-weapons-to-foil-putins-plans-says-von-der-leyen-ukraine, abgerufen am 30. Juni 2023.

172 Jarosław Kuisz und Karolina Wigura, »Kampf der Narrative«, in: *Internationale Politik*, Nr. 3/78, Mai/Juni 2023, S. 66-70.

173 Clea Caulcutt, »Macron under fire for saying France wouldn't respond in kind if Russia launched nuclear attack on Ukraine«, in: *Politico*, 13. Oktober 2022, https://www.politico.eu/article/france-emmanuel-macron-nuclear-attack-russia-ukraine/, abgerufen am 30. Juni 2023.

174 Im Chaos eines Bürgerkriegs könnten die russischen Atomwaffen in die Hände von Gruppen fallen, die noch gefährlicher sind als das gegenwärtige Regime. Vgl. Juliet Samuel, »Putin is not the ultimate nuclear nightmare«, in: *The Times*, 28. Juni 2023, https://www.thetimes.co.uk/article/putin-is-not-the-ultimate-nuclear-nightmare-cztk2866

175 Olivia Gazis, »CIA Director William Burns: Next 6 months will be ›critical‹ in Ukraine war«, CBS, 2. Februar 2023, https://www.cbsnews.com/news/cia-chief-william-burns-speaks-on-ukraine-war-vladimir-putin-iran-china/

176 Die ungarische Ausnahme mag viele überraschen, aber dürfte teilweise damit zu erklären sein, dass Ungarn nicht Objekt des Hitler-Stalin-Pakts war. Ein weiterer Teil der Erklärung dürfte sein, dass Politiker vergangene Traumata aktiv auswählen, um sie zu interpretieren und für ihre politischen Vorhaben zu nutzen. Wir haben an anderer Stelle erwähnt, dass Viktor Orbán den Mythos vom Trianon-Trauma zur Grundlage seiner Politik gemacht hat.

177 Christina Lamb, »The Ukrainian children stolen by Putin and sent to camps«, in: *The Times*, https://www.thetimes.co.uk/article/the-ukrainian-children-stolen-by-putin-and-sent-to-camps-07mm2d5cz, abgerufen am 30. Juni 2023.

178 Für einen Überblick über die aus ukrainischer Sicht erwarteten Szenarien für eine Desintegration Russlands vgl. https://neweasterneurope.eu/2022/12/21/scenarios-for-the-russian-federation/

179 Hannah Arendt, »Wahrheit und Politik«, in: *Wahrheit und Lüge in der Politik: Zwei Essays*, München 1972, S. 58.

180 Zur Überraschung der Weltöffentlichkeit legte der Anführer der Wagner-Gruppe öffentlich eine eigene Deutung der Gründe für den Krieg vor: Er erklärte, die russische Elite wolle sich auf Kosten der Ukraine bereichern. Prigoschin gab zu, dass »die Streitkräfte der Ukraine nicht vorhatten, Russland gemeinsam mit der NATO anzugreifen. […] Ein Haufen Mistkerle brauchte den Krieg, um zu triumphieren und zu zeigen, was für eine starke Arme Russland hat.« Vgl. Gabriel Gavin, »Russian army is retreating, Wagner boss claims in anti-war tirade«, in: *Politico*, 23. Juni 2023, https://www.politico.eu/article/russia-army-retreating-yevgeny-prigozhin-wagner-boss-feud-anti-war-tirade/

181 Mehr dazu auf: https://wydarzenia.interia.pl/felietony/news-kto-sie-boi-rozpadu-rosji,nId,6867541#utm_source=paste&utm_medium=paste&utm_campaign=firefox

182 Vijay Prashad, »The Global South refuses pressure to side with the West on Russia«, in: *Peoples Dispatch*, 24. Februar 2023, https://peoplesdispatch.org/2023/02/24/the-global-south-refuses-pressure-to-side-with-the-west-on-russia/, abgerufen am 30. Juni 2023.

183 Timothy Garton Ash, Ivan Krastev und Mark Leonard, »United West, divided from the rest: Global public opinion one year into Russia's war on Ukraine«, European Council on Foreign Relations, https://ecfr.eu/publication/united-west-divided-from-the-rest-global-public-opinion-one-year-into-russias-war-on-ukraine/, abgerufen am 30. Juni 2023.

edition suhrkamp
Eine Auswahl

Bini Adamczak. Beziehungsweise Revolution. 1917, 1968 und kommende. es 2721. 313 Seiten

Bruno Amable / Stefano Palombarini. Von Mitterrand zu Macron. Über den Kollaps des französischen Parteiensystems. es 2727. 255 Seiten

Perry Anderson. Hegemonie. Konjunkturen eines Begriffs. es 2724. 249 Seiten

Scott Anderson. Zerbrochene Länder. Wie die arabische Welt aus den Fugen geriet. es-Sonderdruck. 263 Seiten

Wolfgang Bauer
- Bruchzone. Krisenreportagen. es-Sonderdruck. 349 Seiten
- Über das Meer. Mit Syrern auf der Flucht nach Europa. es-Sonderdruck. 133 Seiten

Zygmunt Bauman
- Die Angst vor den anderen. Ein Essay über Migration und Panikmache. es-Sonderdruck. 124 Seiten
- Retrotopia. es-Sonderdruck. 220 Seiten

Michael Butter. »Nichts ist, wie es scheint«. Über Verschwörungstheorien. es-Sonderdruck. 270 Seiten

Ann Cotten
- Die Anleitungen der Vorfahren. es-Sonderdruck. 157 Seiten
- Verbannt! Versepos. es-Sonderdruck. 168 Seiten

NF 383/1/09.23

Colin Crouch
- Postdemokratie revisited. es 2761. 278 Seiten
- Gig Economy. Prekäre Arbeit im Zeitalter von Uber, Minijobs & Co. es 2742. 135 Seiten
- Postdemokratie. es 2540. 159 Seiten

Adrian Daub
- Cancel Culture Transfer. Wie eine moralische Panik die Welt erfasst. es 2794. 371 Seiten
- Was das Valley denken nennt. Über die Ideologie der Techbranche. es 2750. 158 Seiten

Didier Eribon
- Gesellschaft als Urteil. Klassen, Identitäten, Wege. es-Sonderdruck. 264 Seiten
- Rückkehr nach Reims. es-Sonderdruck. 237 Seiten

Nancy Fraser. Der Allesfresser. Wie der Kapitalismus seine eigenen Grundlagen verschlingt. es-Sonderdruck. 282 Seiten

Heinrich Geiselberger (Hg.). Die große Regression. Eine internationale Debatte über die geistige Situation der Zeit. es-Sonderdruck. 318 Seiten

Masha Gessen. Leben mit Exil. Über Migration sprechen. 98 Seiten

Kristen R. Ghodsee. Warum Frauen im Sozialismus besseren Sex haben. Und andere Argumente für ökonomische Unabhängigkeit. es-Sonderdruck. 275 Seiten

Marius Goldhorn. Park. Roman. es 2764. 179 Seiten

Mark Greif. Bluescreen. Essays. es 2629. 231 Seiten

NF 383/2/09.23

Jürgen Habermas. Im Sog der Technokratie. Kleine politische Schriften XII. es 2671. 193 Seiten

Lea Haller. Transithandel. Geld- und Warenströme im globalen Kapitalismus. es 2731. 512 Seiten

Sabine Hark. Gemeinschaft der Ungewählten. Umrisse eines politischen Ethos der Kohabitation. es 2774. 271 Seiten

David Harvey. Rebellische Städte. es 2657. 283 Seiten

Wilhelm Heitmeyer. Autoritäre Versuchungen. Signaturen der Bedrohung 1. es 2717. 394 Seiten

Axel Honneth. Vivisektionen eines Zeitalters. Porträts zur Ideengeschichte des 20. Jahrhunderts. es 2678. 307 Seiten

Eva Illouz. Israel. Soziologische Essays. es 2683. 228 Seiten

François Jullien. Es gibt keine kulturelle Identität. es 2718. 95 Seiten

Susanne Kaiser. Politische Männlichkeit. Wie Incels, Fundamentalisten und Autoritäre für das Patriarchat mobilmachen. es 2765. 268 Seiten

Artur Klinau. Acht Tage Revolution. Ein dokumentarisches Journal aus Minsk. es 2772. 264 Seiten

Natalja Kljutscharjowa. Tagebuch von Ende der Welt. es 2781. 167 Seiten

Ariane Koch. Die Aufdrängung. Roman. es 2784. 179 Seiten

Ivan Krastev. Europadämmerung. Ein Essay. es 2712. 143 Seiten

NF 383/3/09.23

Nils C. Kumkar. Alternative Fakten. Zur Praxis der kommunikativen Erkenntnisverweigerung. 336 Seiten
Benjamin Kunkel. Utopie oder Untergang. Ein Wegweiser für die gegenwärtige Krise. es 2687. 245 Seiten

Bruno Latour
- Das terrestrische Manifest. es-Sonderdruck. 136 Seiten
- Wo bin ich? Lektionen aus dem Lockdown. es 2771. 199 Seiten

Bruno Latour / Nikolaj Schultz. Zur Entstehung einer ökologischen Klasse. Ein Memorandum. es-Sonderdruck. 93 Seiten

Philipp Lepenies. Die Macht der einen Zahl. Eine politische Geschichte des Bruttoinlandsprodukts. es 2673. 186 Seiten

Enis Maci. Eiscafé Europa. Essays. es 2726. 240 Seiten

Philip Manow
- (Ent-)Demokratisierung der Demokratie. es 2753. 160 Seiten
- Die Politische Ökonomie des Populismus. es 2728. 160 Seiten

Lorenzo Marsili/Niccolò Milanese. Wir heimatlosen Weltbürger. es 2736. 280 Seiten

Steffen Mau. Das metrische Wir. Über die Quantifizierung des Sozialen. es-Sonderdruck. 307 Seiten

Robert Misik
- Das große Beginnergefühl. Moderne, Zeitgeist, Revolution. es 2788. 284 Seiten
- Die falschen Freunde der einfachen Leute. es 2741. 138 Seiten

NF 383/4/09.23

Chantal Mouffe. Für einen linken Populismus. es 2729. 111 Seiten

Jan-Werner Müller
- Furcht und Freiheit. Für einen anderen Liberalismus. es-Sonderdruck. 170 Seiten
- Was ist Populismus? Ein Essay. es-Sonderdruck. 159 Seiten

Oliver Nachtwey. Die Abstiegsgesellschaft. Über das Aufbegehren in der regressiven Moderne. es 2682. 263 Seiten

Ole Nymoen/Wolfgang M. Schmitt. Influencer. Die Ideologie der Werbekörper. es-Sonderdruck. 191 Seiten

Volker Perthes. Das Ende des Nahen Ostens, wie wir ihn kennen. es-Sonderdruck. 143 Seiten

Paul B. Preciado. Ein Apartment auf dem Uranus. Chroniken eines Übergangs. es-Sonderdruck. 368 Seiten

Adam Przeworski. Krisen der Demokratie. es 2751. 256 Seiten

Jedediah Purdy. Die Welt und wir. Politik im Anthropozän. es-Sonderdruck. 186 Seiten

Katharina Raabe / Kateryna Mishchenko (Hg.). Aus dem Nebel des Krieges. Die Gegenwart der Ukraine. es-Sonderdruck. 288 Seiten

Hanno Rauterberg
- Die Kunst der Zukunft. Über den Traum von der kreativen Maschine. es 2775. 195 Seiten
- Wie frei ist die Kunst? Der neue Kulturkampf und die Krise des Liberalismus. es 2725. 141 Seiten

NF 383/5/09.23

Andreas Reckwitz. Das Ende der Illusionen. Politik, Ökonomie und Kultur in der Spätmoderne. es 2735. 305 Seiten

César Rendueles
- Gegen Chancengleichheit. Ein egalitaristisches Pamphlet. es-Sonderdruck. 329 Seiten
- Kanaillen-Kapitalismus. Eine literarische Reise durch die Geschichte der freien Marktwirtschaft. es 2737. 300 Seiten

Rachel Salamander. Heine und der deutsche Donner. Heine-Preis 2020. Laudatio: Frank-Walter Steinmeier. es-Sonderdruck. 48 Seiten

Grégory Salle. Superyachten. Luxus und Stille im Kapitalozän. 170 Seiten

Ulrich Schmid. Technologien der Seele. Vom Verfertigen der Wahrheit in der russischen Gegenwartskultur. es 2702. 386 Seiten

Ulrich Schmid et al. (Hg.). Osteuropa zwischen Mauerfall und Ukrainekrieg. Besichtigung einer Epoche. es 2777. 254 Seiten

Michel Serres. Was genau war früher besser? Ein optimistischer Wutanfall. es-Sonderdruck. 80 Seiten

Olga Shparaga. Die Revolution hat ein weibliches Gesicht. Der Fall Belarus. es 2769. 231 Seiten

Peter Sloterdijk. Die Reue des Prometheus. Von der Gabe des Feuers zur globalen Brandstiftung. es-Sonderdruck. 80 Seiten

NF 383/6/09.23

Philipp Staab
- Anpassung. Leitmotiv der nächsten Gesellschaft. es 2779. 240 Seiten
- Digitaler Kapitalismus. Markt und Herrschaft in der Ökonomie der Unknappheit. es-Sonderdruck. 345 Seiten

Carlo Strenger
- Abenteuer Freiheit. Ein Wegweiser für unsichere Zeiten. es-Sonderdruck. 122 Seiten
- Diese verdammten liberalen Eliten. Wer sie sind und warum wir sie brauchen. es-Sonderdruck. 172 Seiten

Natascha Strobl. Radikalisierter Konservatismus. Eine Analyse. es 2782. 192 Seiten

Kate Tempest
- Brand New Ancients/Brandneue Klassiker. Lyrik. es 2733. 103 Seiten
- Let Them Eat Chaos. Sollen sie doch Chaos fressen. es 2754. 154 Seiten

Philipp Ther. Das andere Ende der Geschichte. Über die Große Transformation. es 2744. 199 Seiten

David Van Reybrouck. Zink. es-Sonderdruck. 86 Seiten

Raul Zelik. Wir Untoten des Kapitals. Über politische Monster und einen grünen Sozialismus. es 2746. 328 Seiten

Slavoj Žižek. Auf verlorenem Posten. es 2562. 319 Seiten

Maxim Znak. Zekamerone. Geschichten aus dem Gefängnis. es 2804. 242 Seiten

Gabriel Zucman. Steueroasen. Wo der Wohlstand der Nationen versteckt wird. es-Sonderdruck. 118 Seiten

NF 383/7/09.23